DISCARD

Mario Moreno "Cantinflas"

Mario Moreno "Cantinflas" El filósofo de la risa

Miguel Ángel Flórez Góngora

Flórez Góngora, Miguel Ángel
Mario Moreno "Cantinflas" / Miguel Ángel Flórez Góngora. —Bogotá:
Panamericana Editorial, 2004.
140 p. ; 21 cm. — (Personajes)
ISBN 958-30-1311-0
1. Moreno, Mario, 1911-1993 I. Tít. II. Serie.
927.91 cd 20 ed.
AJA3196

CEP-Banco de la República Biblioteca Luis Ángel Arango

Editor
Panamericana Editorial Ltda.

Dirección editorial
Conrado Zuluaga

Edición
Mireya Fonseca

Diseño, diagramación e investigación gráfica
Editorial El Malpensante

Cubierta: Mario Moreno "Cantinflas" en Manizales, agosto de 1955 • © Manuel H.

Primera edición, abril de 2005
© Panamericana Editorial Ltda.
   Texto: Miguel Ángel Flórez Góngora
Calle 12 N° 34-20, Tels.: 3603077–2770100
Fax: (57 1) 2373805

Correo electrónico: panaedit@panamericanaeditorial.com
www.panamericanaeditorial.com
Bogotá D. C., Colombia

ISBN 958-30-1311-0

Impreso por Panamericana Formas e Impresos S. A.
Calle 65 N° 95-28, Tels.: 4302110–4300355, Fax: (57 1) 2763008,
quien sólo actúa como impresor.
Impreso en Colombia
Printed in Colombia

"Tenemos la risa franca y abierta, tenemos la risa burlona, la risa ahogada, la mueca que sólo se queda casi en una caricatura de lo que es la risa; y la risa falsa. Yo las conozco todas a través de un amigo mío muy cercano, inseparable. Su nombre es...".

Cantinflas

Un "intruso" en la corte de los payasos

Mario Moreno Reyes se crió en el populoso y rudo ambiente del barrio Santa María la Redonda, en Ciudad de México. Habitado por proletarios, tenderos, vendedores callejeros y rufianes, la vida frenética y tumultuosa del suburbio representó para el niño un exuberante y vasto territorio para el aprendizaje temprano de la insolencia, el humor y la ironía.

Sobre la fecha de su nacimiento Cantinflas se encargó de cultivar una leyenda jocosa y simpática, y para explicarla inhalaba aire de modo profundo, ofrecía una sonrisa y luego le confesaba a su interlocutor: "Nací en la sexta calle de Santa María la Redonda número 182, a las doce y media de la madrugada, el sábado 12 de agosto de 1911. Como es testimonio de mi padre, tiene que ser cierto, pero no es importante".

A pocas cuadras de su casa y cercano a la Plaza Garibaldi se encontraba el Follies Bergère, un raído y desvencijado teatro itinerante de toldos rotos, deshilachados, habitado por polillas. Alrededor del escenario, un círculo de sillas desgastadas en varios colores y estilos completaba el ambiente irrisorio y circense de la carpa.

La pobreza del lugar contrastaba con la vitalidad y la implacable franqueza del público. Incluso con los vistosos colores de las lonas que se alzaban desafiantes y ligeras hacia el cielo. Un claro e irreprochable sistema de simpatías y rechazos

9

les permitía a los espectadores detectar en segundos el talento humorístico de los comediantes, o eliminarlos con abucheos y silbatinas si resultaban sosos y faltos de ingenio. "Ai te va un camote pa' tu torta", era la frase procaz y retadora que alguien dentro del público exclamaba al lanzar sobre el actor, con la velocidad de un proyectil, un manojo de objetos que obligaban al artista a esquivarlos, balanceando su cuerpo con gran destreza sobre el escenario para evitar ser impactado.

Vista desde afuera la carpa suscitaba curiosidad y un deseo incontrolable de ingresar a ella de modo sigiloso. Era un impulso irreprimible estimulado por la música de fanfarria que se filtraba hacia la calle mezclada con las risas y carcajadas del público, que pagaba treinta centavos por divertirse. De niño, Cantinflas cruzaba esa frontera que separaba la áspera vida cotidiana de la magia que surgía a borbotones en medio de los tablones y las lonas en los que payasos, cantantes y saltimbanquis improvisaban aferrados al ritmo del charlestón y el tango una loca e impertinente parodia de la vida, las convenciones sociales y el poder.

En cada escena imperaba la misma mordacidad y alboroto que derivaban en una mezcla de comedia y *sketches* circenses que provocaban un estallido de alegría en la concurrencia. Mario logró cruzar la entrada aprovechando el descuido de un portero gordo y somnoliento vencido por el griterío de vendedores de tortillas, maíz, quesadillas y tamales. Con la agilidad de un gato en medio de las sombras sus ojos se tropezaron orientándose en un estrecho corredor en piso de aserrín, que desembocaba en un escenario invadido de luces que se proyectaban en círculos sobre el público y en comediantes desafinados y con pelucas rojizas que realizaban un esfuerzo heroico por ser escuchados a través de un micrófono deteriorado y casi inaudible.

Las imperfecciones del sonido no sustrajeron a Mario Moreno de ver y sentir por primera vez el colorido y la emoción del espectáculo circense. La vida del circo, con sus piruetas y comedias, el lascivo y provocador lenguaje de los payasos, las memorables *vedettes* de arrabal y la anarquía de voces y gritos de los vendedores callejeros alrededor de las toldas lo colmaron de asombro y sedujeron su imaginación por el disparatado y extravagante arte de la carpa.

El circo finalizó su función nocturna y Mario Moreno salió a la calle poseído de una vivacidad que no había sentido antes. Avanzó sobre el asfalto en medio del estridente ruido de los carros, evocando las imágenes de la carpa y sintiéndose atrapado en un nuevo refugio que le inspiraba aventura y deleite.

Durante los frívolos y alegres años treinta, Ciudad de México se convirtió en una urbe populosa de un millón de habitantes. A través de un ritmo urbanístico vertiginoso se fue configurando una metrópoli, donde, a golpes de industrialización, levantamiento de modernas edificaciones y una cinta de autopistas veloces surgió también una oferta cultural variada, provocadora y novedosa.

Nuevos barrios se fueron diseminando a través de la ciudad y se mezclaron con los entornos prehispánicos, españoles y modernos, dando origen a un paisaje ecléctico, poco convencional y atractivo. A lo largo y ancho del Distrito Federal aparecieron zonas residenciales como Las Lomas, Anzures, Condesa, Hipódromo y San Ángel Inc. Pero también áreas populares como Peralvillo, La Guerrero, Lagunilla, Tepito y Tacuba. O enclaves aristocráticos como Lomas de Chapultepec, Juárez, San Rafael y La Roma.

El cine sonoro invadió las pantallas de los teatros Regis, Olimpia, Rex, Goya, Iris y Polietama. Esas salas emergieron como nuevos templos a los que ingresaban a empellones cientos de espectadores para cumplir con la ceremonia visual de deleitarse con el rapto de una bella rubia por parte de un gigantesco y tierno *King Kong,* la película de Merian C. Cooper, protagonizada por Fay Wray (Ann Darrow en el filme) y Robert Armstrong (Carl Denhan).

Las marquesinas de los teatros de la ciudad anunciaban el espectáculo en *technicolor* y sonido estereofónico de la cinta *Lo que el viento se llevó,* la trágica historia de amor de Scarlett O' Hara (Vivien Leigh) y el inolvidable Rhett Butler (Clark Gable), envueltos en la atmósfera de la Guerra de Secesión de Estados Unidos en 1861.

Los salones de baile y la radio impusieron con regocijo a sus audiencias la voz ronca y libertina del bolerista mexicano Agustín Lara. Las parejas apretaban sus cuerpos al ritmo de unas frases melodiosas provenientes de un hombre delgado y con una pronunciada cicatriz en el rostro que cantaba sin prisa y dejaba una huella entrañable en el corazón de los amantes.

Canciones como *Amor de mis amores, Solamente una vez, Mujer, Cada noche un amor, Tus pupilas, Veracruz* y *Naufra-*

gio susurradas al oído por "El Flaco de Oro", como popularmente fue reconocido Lara, envolvían a los enamorados en un ritual de gestos parsimoniosos y miradas atrayentes bajo la atmósfera densa de humo y tequila de los salones de baile.

El mismo público que bailaba boleros, charlestón y danzones hasta el alba, o que consumía emocionado las historias de lo que ocurría en las pantallas de cine, asistía con júbilo a las carpas, la mayoría de ellas ubicadas en las esquinas de los barrios populares.

Las funciones en vivo representadas por actores de origen humilde, calzados con zapatones y vestidos de modo estrafalario, expresándose en una jerga graciosa e improvisada, se escenificaban en las carpas itinerantes como la Ofelia, la Amaro, Maravillas, los salones Mayab, el Rojo y la cadena carperil de Don Procopio y la Valentina.

El repertorio humorístico —una mezcla de chistes sexuales agresivos, teatro frívolo y de variedades, pasajes musicales de tango, charlestón y zarzuela, incluyendo el uso desenfadado y atrevido del argot popular para satirizar el mundo burgués y el estilo acartonado y ostentoso de las clases altas— provocaba un ataque repentino de explosivas carcajadas en el público. La expectativa y la risa crecían transformando a los espectadores en una masa rugiente que golpeaba y saltaba con furia sobre los bancos de madera, vociferando frases ininteligibles y procaces.

Cantinflas evocó alguna vez esa relación con el público diciendo que en "las carpas, el público y el trabajo eran muy duros. Ahí no había sofisticación ni prejuicios, sino que el artista salía, y si gustaba lo sabía inmediatamente. Había aplausos, había gritos. Ahora, si no gustaba también lo sabía. Había hasta recordatorios familiares. Porque era un público sincero".

De niño, Mario Moreno lideraba las chanzas con sus amigos de barriada. Hacía bromas en medio de los juegos y comentaba las cosas más serias con humor y picardía. Tenía una habilidad natural para convertirse en el centro del grupo y provocar la atención de los adultos y pequeños por su desenfado al hablar y las ocurrencias que iba soltando de modo espontáneo.

Esa destreza para "escupir" frases insolentes y envolver en un juego de palabrerías divertidas a su interlocutor, le permitió avanzar en la escuela primaria con la inocente impunidad que le garantizaba su talento para expresarse con la autenticidad y contundencia del lenguaje popular de los barrios de Ciudad de México. Una especie de *rap* de los años treinta, hecho de giros lingüísticos ingeniosos, de sugerencias impúdicas, fanfarronas e indescifrables.

Mario Moreno Reyes confesó que desde niño acostumbraba expresarse de modo inconsciente en lenguaje cantinflesco. "Yo recuerdo que cuando el profesor me preguntaba algo de una materia y yo no me lo sabía bien, comenzaba a hablarle cantinflescamente... me hablaba de historia, yo le enredaba geografía y el profesor se me quedaba viendo y me decía: 'Bueno, pero eso no es'. Digo: 'No es, pero podría ser'. Y entonces llegó a tal grado que a los muchachos les divertía tanto... a mis compañeros, que cuando había una pregunta difícil, decía: 'Pues, que la conteste el niño Moreno'. Y el profesor llegó a decirme: 'Bueno, yo las preguntas se las voy a hacer privadamente, porque yo francamente ya no sé ni lo que dice' ... 'Pues yo tampoco, pero le digo' ''.

La complicidad de Mario Moreno con sus compañeros de colegio no finalizaba en la entusiasta y jocosa hermandad en el uso de la jerga y la diatriba escolar. Su tino para acertar puñetazos certeros y patadas fulminantes que colocaban fuera de combate a los grandulones que abusaban de los pequeños lo convirtieron también en un ídolo respetado e intimidante en las trifulcas escolares.

Su agilidad en el boxeo para eliminar a los arrogantes y torpes buscapleitos, a la hora del recreo, le prodigó la reverencia y la veneración de los miembros más pequeños de la escuela del barrio Chapingo. Años más tarde, en su fugaz y exitosa carrera en el boxeo conquistó el apodo de *El Chato* Moreno, bajo la dirección pugilística del campeón ligero mexicano Carlos Pavón.

Algunas veces su mal carácter y sus reiteradas envalentonadas lo inclinaban a buscar sin razón aparente pleitos callejeros. Era bravucón, y compartió la senda del boxeo con su hermano José. Ambos llegaron a ser contrincantes en peleas convenidas y secretamente pactadas. En los *rings* populares de boxeo el dinero, tan esquivo para los Moreno Reyes, en ocasiones llegaba para quedarse. Y era cuando Mario o José decidían quién caería derrotado en la pelea y quién cobraba los siete pesos del triunfador.

Finalizado su camino del boxeo, Mario ensayó la afición por el billar y el juego del dominó. "Anduve de vago y supe lo que eran el hambre y la necesidad", dijo alguna vez. En esos múltiples oficios en los que se enroló para sobrevivir siempre encontraba un cómplice o un amigo que lo acompañaba. *Resortes,* uno de los mejores cómicos de México en el período de las carpas, recorrió como vagabundo la ciudad con él y llegaron a conocerla palmo a palmo.

Con Cantinflas viví muchas cosas; una de las que recuerdo es que cuando éramos vaguitos de billar, nos gustaban muchos los trancazos, el box, pero yo no quería ser boxeador, no era tonto, yo quería ser *manager*, que es el que más dura, pero Cantinflas sí se decidió a ser boxeador, pero cambió de parecer al sentir lo duro de los trancazos.

Durante su infancia, Moreno enfrentó también la dura contienda de la pobreza. Un *round* duro y agobiante para sus padres Pedro Moreno Esquivel y Soledad Reyes, quienes debían sostener a los doce vástagos de la familia. La asfixiante estrechez económica obligó a Mario a buscar trabajo como mandadero, embolador, ayudante de zapatero y en las ferias taurinas.

Los primeros temores e ilusiones del amor los conoció Mario Moreno a la edad de doce años, según Miguel Ángel Morales, uno de sus más rigurosos y brillantes biógrafos mexicanos. Morales documentó esa experiencia infantil en su libro *Cantinflas: amo de la carpa*, revelando una carta que Moreno Reyes le envío a una niña de quien se enamoró:

Mi querida Cata, estrella de mi destino: si como lo creo aceptas ser mi novia, verás cómo pongo el mundo a tus pies. Te compraré un automóvil de 10 mil caballos y un palacio inmenso con salón de cine y grandes tapetes y hartas flores. Tan luego como me haga el dinero te llevaré a París y de regreso pasaremos por China. Atravesaremos los mares en un barco muy bonito que compraré para ti. Y te daré muchos besos mientras la luna bañe las cosas con su dulce luz.

Su padre, quien se desempeñaba como empleado en el servicio postal de Veracruz, puerto marítimo situado a 313 kilómetros de la capital, lo obligó a viajar con él a esa población para que aprendiera el mismo oficio. Mario encontró vacío y rutinario el trabajo. Huyó hacia Jalapa, capital del estado de Veracruz, para enfrentar la vida con sus propios sueños y habilidades. Pero siempre recordaría los viajes en el vagón postal del ferrocarril, escondido entre las maletas de su progenitor, que él imaginaba como verdaderas travesías transatlánticas, sorprendido por el paso vertiginoso del paisaje ante sus ojos cuando intentaba mirar a través de las rendijas que filtraban una luz al interior del tren de carga, y afuera las olas estallaban como burbujas en un mar plomizo.

A los dieciséis años ingresó al ejército y fue remitido a Chihuahua, donde trabajó como mecanógrafo. Medía 1,67 metros y había mentido acerca de su edad para ser aceptado en el servicio militar, confesando que contaba veintiún años. Escapó de la institución castrense hacia Ciudad Juárez y cultivó amistades con los actores de los teatro-salones de esa población. Retornó a casa y con la ayuda de su padre ingresó a la Universidad Nacional de México para realizar estudios de medicina. Abandonó la academia y deambuló por las carpas solicitando una oportunidad para debutar en ellas.

Su inquietud por el mundo del circo se acrecentó con los días. El mundo circense lo llenaba de emoción y sus instintos de supervivencia le indicaban elegir ese camino. Se sentía seducido por el desafío de enfrentar con sus parodias el murmullo irreprimible de la plebe. Deseaba encender la chispa que convierte en manicomio el graderío y ofrecerle el antídoto del humor contra las pesadumbres y dentelladas de la miseria.

Tenía diecisiete años, era el sexto hijo en su familia y se sentía igualmente atraído por la promesa de una vida menos ruda y llena de sobresaltos económicos. Estaba ansioso por trabajar y no podía desaprovechar el chance de vincularse a la carpa, uno de los centros de diversión más popular y famoso en las décadas de 1920 y 1930.

Sin embargo, Mario no ocultaba su temor al reproche de sus padres cuando se enteraran de su pasión por la carpa. Su voz interior era un nítido y parpadeante letrero de neón que iluminaba su mente como flashes que le indicaban que su destino estaba ligado al espacio circular y emotivo del circo.

Las familias pobres y de clase media en México reprochaban amargamente en la época que sus hijos terminaran convertidos en seres errantes y sin porvenir en la vida nómada de los artistas de la carpa. A pesar de las aprensiones y miedos familiares, Mario Moreno tuvo su primera aparición en la carpa Compañía Novel, localizada en San Antonio Tomatlán.

En la carpa Rosete la *vedette* Yoly Yoly preparó a Mario Moreno durante varios días para el *sketch* "El Tinaco". Salió a escena maquillado como los payasos del circo, embutiendo su cuerpo enjuto dentro de unos pantalones descolgados más abajo de la cintura. En el afán por salir al escenario tomó apresurado un sombrero recortado y un chaleco negro que él bautizó "gabardina".

Su veloz paso por las carpas lo llevó a debutar también en la Mayab, la Valentina, el Salón Rojo y el Follies Bergère del empresario de espectáculos José Furstenberg. En el mundo ferozmente competitivo de la revista de comedias el apoyo de Celia Tejeda, conocida popularmente como "La Reina de las Carpas", fue decisivo en su camino al estrellato.

De modo curioso, el diario *El Universal* de Ciudad de México comenzó a publicar la tira cómica "El Chupamirto", creada por Jesús José Acosta y convertida en una réplica del personaje interpretado por Mario Moreno en las carpas. Lo cual representaba el indicio más convincente, según el investigador Fernando Morales Ortiz, de que "a partir de entonces una ciudad que no llega al millón de habitantes, comienza a carcajearse y a correr la voz sobre la prodigiosa aparición de Cantinflas".

Las carpas representaron para Mario Moreno en la década de 1930 la invención y el nacimiento de Cantinflas, mito profundo anclado a nuestra memoria individual y colectiva por la magia imperecedera del cine.

Sketches para olvidar las tristezas

Entre los bastidores del Salón Rojo, Mario Moreno se pasea nervioso. Sale y entra del vestuario como un animal temeroso y acorralado. Dentro de pocos minutos deberá enfrentar junto con el cómico Estanislao Schillinsky Bachanska, de origen lituano, a un público exigente y voluble.

En el monólogo anterior el público había abucheado y expulsado del escenario a Mario Moreno. Ahora ingresaría para una actuación en pareja y la inseguridad lo inhibía para el próximo acto. Había sido invitado para un homenaje al ventrílocuo El Conde Boby, legendario creador del títere Don Roque.

Observándose en el espejo y pasando sus manos sobre el vestido de comediante, Estanislao Schillinsky le dijo a Mario que era el momento de salir nuevamente.

—Ok, estoy listo —respondió Moreno en voz baja.

—Vamos —susurró Estanislao, y giró su mirada en dirección al público.

Cientos de ojos penetrantes los observaron ingresar al escenario. Mario Moreno ocultó su temor con una sonrisa de payaso. Avanzaron hacia el centro y sintieron que un profundo silencio los separaba del auditorio. Era una distancia que se prolongaba al percibir el ceño fruncido de los espectadores. Ambos intentaron realizar gestos y muecas para conquistar la compasión del populacho.

Schillinsky, mucho más experimentado en el teatro de variedades, permanecía impasible y sudoroso observando cómo se desmoronaban los ademanes y la mímica de Mario Moreno ante la fría y dura resistencia del público.

La chispa que debería encender el ánimo del vulgo no brotaba, a pesar de los esfuerzos desesperados de ambos cómicos por establecer un puente de complicidad con el auditorio. El calor tornaba la atmósfera irrespirable. Un parloteo creciente se extendió a través de las gradas hasta convertirse en un grito rotundo y uniforme: "Queremos al Conde Boby, abajo los aficionados".

El pueblo rugió furioso y ese grito de censura petrificó a ambos mimos, que se sintieron a la deriva en medio de miradas acusadoras y señalamientos agresivos.

Schillinsky reaccionó nervioso y miró compasivamente a Mario. Abrió sus grandes ojos negros y exclamó en tono imperceptible:

—Improvisa cualquier cosa, inventa un chiste.

Mario Moreno no musitó palabra. Parecía fuera de sí mismo y remoto ante el caos que surgía frente a él. Schillinsky intentó comunicarse nuevamente y el estruendo del público ahogó su clamor.

En una breve fracción de segundo el mundo se hizo eterno y Mario Moreno rompió su propio aturdimiento enfrentando a la masa y soltando una letanía de frases absurdas e incomprensibles que él mismo no logró descifrar.

La turba reaccionó absorta con la perorata y milagrosamente comenzó a reírse hasta estallar en carcajadas. Schillinsky y Mario Moreno se miraron de reojo. Mario se acercó a su compañero de escena y le preguntó sobre lo que sucedía. El humorista lo miró intensamente a los ojos y respondió:

—Se están riendo de que dices mucho y al mismo tiempo no dices nada... ¡Síguele!... ¡Síguele!

En 1938 Cantinflas explicó de modo punzante y gracioso para el periódico *Excélsior* de México su experiencia artística en las carpas.

> Vamos por partes: ¿usted me pregunta que cuál ha sido mi mejor interpretación? ¿Y yo le tengo que responder que...? ¿Qué le tengo que responder? ¿O usted me responde? Bueno, pero ¿qué relajo es éste? A ver, otra vez: usted quiere que le diga cuál ha sido, es y será, a través del devenir histórico-materialista-dialéctico tiempo, la mejor de mis interpretaciones proletarias. Y yo creo que hasta cierto punto, y si no, de todos modos, porque usted sabe que, al cabo y que, y como quiera que la mejor de todas mis interpretaciones ha sido la interpretación racional y exacta del universo conforme al artículo tercero... ¿Qué? ¿Eso no?... Bueno, pues usted de qué habla.

La búsqueda impetuosa del reconocimiento popular llevó a Cantinflas a trabajar en la carpa la Valentina. Se había ganado el apodo de Cantinflitas por parte del público y el alborozo de sus *shows* hacía parte del rumor y las conversaciones cotidianas en los sectores altos y bajos de Ciudad de México.

Su creciente popularidad era un nuevo desafío personal en la búsqueda obstinada por llevar a las tablas las historias sombrías y absurdas de los marginados urbanos, pero que gracias a las artimañas de su lenguaje cómico e inasible y a su histrionismo natural, se convertían en rebeldes y prodigiosas parábolas del humor en el teatro popular de la época.

El mundo del circo quedaría sintetizado en su famosa frase de la carpa:

> ... pos si... verdá porque uno, pos es uno y como uno y uno son dos... pos ai entran los asegunes... Y cosas de la vida... ¿Verdá...? ¡Qué le vamos a hacer...! Yo tuve que ganarme la vida, porque el que no se gana la vida, pos la pierde. Y como es mejor ganar que perder, me hice cómico y... ¡Ya'staría de Dios...! ¡Ojalá y no me haiga dedicado a otra cosa...! Porque si no, me hubiera dado por ser diputado y... y es lo que yo digo, pos... ¿pa qué?

Mario Moreno había logrado acoplar de modo perfecto en la construcción de su personaje bufo la jerga complicada con la vestimenta estrafalaria del mismo. Un pantalón que se ciñe torpemente por un lazo diez centímetros debajo de su cintura, un pañuelo al cuello, una gabardina negra deteriorada, el sombrero típico del "peladito" mexicano (gamín) y un andar rítmico definen la identidad pintoresca y original del héroe popular.

Poseído de un carisma y una picardía irresistibles, Cantinflas logró vencer las resistencias culturales y sociales de las clases acaudaladas de la capital mexicana, quienes asistían en masa a ver sus escenificaciones en las carpas ubicadas en los suburbios de la ciudad. "La simpatía del personaje, la hilaridad que de entrada provocaba su atuendo, desactivaban cualquier carga de menosprecio", señaló el escritor Fernando Morales Ortiz.

Actuar significaba para Mario Moreno un derroche de energía extremo y deseable. En la carpa la Valentina sus *shows* derivaron hacia argumentos cada vez más estrafalarios y cáusticos. La bailarina Valentina Zubareff, hija de los propietarios de ese circo ambulante, y el cómico Schillinsky, llevaron a cabo esfuerzos generosos para moldear el talento de Mario Moreno y le crearon *skechtes* inspirados en las situaciones memorables de los filmes cómicos de los años treinta, adaptados al estilo de Cantinflas y del humor mexicano.

El 15 de diciembre de 1934 Mario Moreno contrajo matrimonio con Valentina Gregorievana Ivanova, cuyo nombre artístico era Zubareff y quien había nacido en Rusia, de padres que emigraron posteriormente a México. Desde ese momento Valentina, una mujer exuberante, vital y hacendosa, se convirtió en el ángel tutelar de Cantinflas.

Anita y Gregorio Ivannoff, padres de Valentina, quienes habían salido de Rusia hacia Japón con 64 actores de circo después de la Revolución Rusa de 1917, decidieron emigrar a México traumatizados por un devastador terremoto que destruyó las ciudades de Tokio y Yokohama en 1923, el cual dificultó la gira de los artistas.

La carpa fue bautizada con el nombre de "Valentina" en aprecio de sus padres hacia la hija más afable y descomplicada. Ubicada en el barrio Tacuba, la carpa fue el escenario ideal para que en medio del ritmo impetuoso del charlestón, el sonido sombrío y flotante del tango, los prolongados y sarcásticos monólogos, además de las explosivas imitaciones del cantante negro de jazz Al Jolson, surgiera entre Cantinflas y Valentina Zubareff un amor noctámbulo con encuentros furtivos de medianoche, después del cierre de las funciones del circo.

Mario Moreno conquistó el corazón nómada y jovial de Valentina con sus aires de hazmerreír y sus coreografías irreverentes y burlonas. Ella había adoptado el circo como un estilo de vida natural a través de las extenuantes travesías por los continentes junto con sus padres y su hermana Olga. En 1928, en México, habían debutado con éxito en el teatro Hidalgo, el Santos Degollado en Guadalajara y el circo Fernandi. Algunos de los artistas que habían viajado con la familia circense desde Rusia se dispersaron por el país azteca y Estados Unidos. Olga contrajo matrimonio con Estanislao Schillinsky y debutaron en la compañía mexicana de Josefina Noriega en una gira a través de México.

Para Mario Moreno el remoquete de *Cantinflas* fue el resultado de una serie de coincidencias felices durante sus exhibiciones en la carpa Valentina en el barrio Tacuba. Por un lado la ocurrencia fonética del nombre (Cantinflas), que para el artista sonaba distinto a los demás apodos cómicos de la época como Palillo, Clavillazo, Resortes, Manolín, Tin Tan, Mantequilla y Borolas, considerados los comediantes más importantes de la década del treinta.

De otra parte las sucesivas invitaciones de sus admiradores a las cantinas para brindar por sus espectáculos después de finalizados y quienes en medio de la euforia del tequila le gritaban "en la cantina... te inflas" (emborrachas) y que en un juego de palabras él contrajo como *Cantinflas*.

Mario Moreno perfeccionó el personaje agregándole las virtudes y defectos del legendario "pelado" mexicano, un hombre menesteroso y desposeído de los bajos fondos de la capital de México. Y a quien dotó también del ritmo entrecortado al hablar para expresar las ideas más enrevesadas con su voz dulce y rotunda.

Cantinflas ha explicado la historia de su personaje confesando:

> No había más que copiar a los tipos del pueblo que en aquellos años así vestían... muy descuidados... con pantalón "caído", medio mugrones, peludos... casi "hippies"... pero "hippies" autóctonos, no importados... la gabardina que se hizo famosa, la que todos ustedes conocen, era un chaleco deshilachado que un día a alguien se le ocurrió preguntar: "¿Y eso? ¿Ese hilacho?", dije: "No es hilacho, más respeto; cada quien tenemos nuestros trapitos, es mi gabardina. ¿Quiere cerciorarse de qué tela es? Nada más agarre". Y era bueno el chaleco, era bueno, ¡fue bueno!... De manera que ahí nació Cantinflas, fue su primera escuela y les he dicho la vestimenta de dónde salió: ¡del pueblo!

Mucho antes de incluir en su repertorio el personaje del "peladito", Mario Moreno representó en las carpas los papeles clásicos del borracho y del bobo. Pero es en la encarnación del vagabundo, arquetipo de las clases marginadas urbanas, en donde el actor logró enriquecer y reinventar la dramaturgia y la comicidad de esa figura popular en el teatro de variedades y del vodevil durante esa década.

Mario Moreno encontró para la invención de su personaje un camino abierto por varios actores de la comedia, en especial por el humorista Manuel Medel, uno de los grandes artistas del teatro de revista en México. Medel había subvertido la estructura dramática de la revista al introducir *sketches* rápidos y efectivos en oposición a los cuadros y diálogos costumbristas y clásicos de ese género.

Manuel Medel había permanecido un período en Estados Unidos observando la evolución de la comedia, y regresó a México en 1932 para escenificar en el teatro Iris, junto con Toña la Negra y Agustín Lara, originales y sorprendentes montajes que incluían música y teatro.

En el teatro Polietama, que convirtió en ídolos eternos a Agustín Lara y a Toña la Negra, el público sacaba en hombros a la calle a sus artistas después de finalizado el espectáculo, por el que había pagado 60 centavos para escuchar al "Flaco de Oro" estrenar la canción *Concha de nácar* y a la Toña exorcizarse en una rumba cubana que desbordaba de alegría a la audiencia.

Medel recuerda ese tiempo como una larga y divertida fiesta que no finalizaría jamás. Ahora con el sosiego y la nostalgia que ofrecen los años evoca sus encuentros con Cantinflas y los triunfos que celebraban ruidosamente por los logros en la carpa:

Festejábamos los triunfos llorando y abrazándonos de emoción, porque no creíamos que íbamos a tener éxito. Empezamos a trabajar en el año de 1936 en el Follies, él trabajaba con Schillinsky y yo lo hacía con diferentes actores, la empresa nos propuso que nos juntáramos y lo hicimos; al hacerlo conseguimos gran éxito, fuimos la pareja cumbre de aquel entonces. Cantinflas nos deja el regalo de ser un cómico limpio, que nunca necesitó decir una grosería para hacer reír, él con su forma de hablar hacía reír a la gente.

A sus ochenta y siete años, Medel conserva intacta en su memoria las anécdotas e historias vividas con Cantinflas en las carpas. Habita en la calle de Palenque, en Narvarte, de la actual y ruidosa Ciudad de México. Haciendo largas pausas para hilar su relato y con los ojos empañados en lágrimas evocó los detalles de su amistad con el cómico frente al periodista Roberto Ponce de la revista *Proceso*.

Medel recuerda que Mario Moreno sentía fascinación por escuchar la jerga del lumpen. Olegario, uno de los barrenderos del Follies, conocía a Manuel, y Cantinflas estimulaba a su amigo para provocarlo. "Pero Olegario, ¿cómo estuvo eso de que lo agarraron en la movida?", preguntaba Medel. Mario permanecía atento y concentrado a la respuesta del obrero para recrearlo después en sus *sketches*. "No, jefe en cierta forma muy bien; verá usté, patrón, de esas cosas que cuando el señor, ¿verdad?", respondía Olegario y agregaba:

Me dijo eso que esas cosas quesque yo, ps si uno cuando, cómo, si uno, hombre, hasta aquí ps muy bien. Bueno, mire que, me dijo que yo, oiga asté, como yo le digo, soy una persona decente, que sabe usté que yo en cierta forma, muy bien, cuando en eso, qué casualidad, que va llegando un familiar de él y que me habló. Ps ¿cuándo fue eso?, digo yo. Y así estuvo la movida.

Posteriormente, periodista y entrevistado continúan hablando y recordando:

—¿Usted basó su comicidad en algún personaje?

Medel: Me inspiré en un actor norteamericano que sacaba un pantalón guango y el sacote grande. Una vez salí, y se me cayó el pantalón, con media nalga de fuera, y el público risa y risa, me lo amarré como pude, y como al productor le gustó, así me lo dejé: Mario me lo copió, y me lo dijo personalmente: "Oiga, le copié lo del pantaloncito", como yo lo había hecho en *Payasadas de la vida* en 1932. Cantinflas bailaba el tango más meneado. Hasta nos dieron un pasaje a New York, pero teníamos tanto éxito que alguien tenía que quedarse en el Follies. Echamos un volado y yo perdí.

En el libro *Carpas de México*, escrito por Pedro Granados y publicado por Ediciones Universo, se relata uno de los actos más hilarantes e ingeniosos protagonizado por Mario Moreno en su paso por la carpa la Valentina.

La escena hace alusión a cuando Cantinflas es contratado en el castillo hospital de Drácula como portero, y Valentina como secretaria. El papel de Drácula había sido asignado a Schillinsky y Celia Tejada interpretó el rol de segunda secretaria.

Celia golpea la mesa con un manotazo y aparece detrás de Cantinflas asustándolo para decirle:

—¡Huye! ... Vete de aquí... ¡esta es la casa del horror, a ti también te chupará!...

—¡Ay mamacita! —responde Cantinflas en su estilo expresivo.

—Fui contratada como secretaria y mira cómo me ha dejado, estoy medio muerta y loca —expresó Celia en tono lastimoso.

Drácula surge de un rincón, abre los brazos sujetando su capa negra de la puntas y exhibe con ferocidad sus colmillos abalanzándose sobre Celia.

—¡No maestro! ¡Ya no... Ya no...! —grita Celia.

Se arrastra por el suelo soltando gritos de piedad y se esconde con prisa detrás de una cortina. Drácula la persigue y después se oye un grito desesperado...

—¡Aaaayyy no! ¡Ya nooo!

Cantinflas con los ojos desorbitados de pánico y el cuerpo tembloroso, se monta en una silla y se abraza a sí mismo. Poseído por el miedo exclama:

—¡Ay mamacita...!

Celia vuelve a lanzar un grito de agonía y Mario salta a la mesa como un resorte. Un loco que se imagina convertido en un gorila lo rodea con sus brazos, acaricia su rostro y luego lo espulga. Mario Moreno se deja sumisamente manosear, mientras el simio devora feliz y satisfecho sus heces.

En una escena posterior Valentina corre con desesperación perseguida por Drácula. Cantinflas se interpone y el vampiro lo lanza hasta un rincón del escenario y atrapa a la mujer. Mario hace esfuerzos por levantarse en varios intentos y vuelve a caer de manera torpe con gestos graciosos y suplicantes como un actor de cine mudo.

Logra ponerse de pie y corre por el escenario buscando una salida y rescatar a Valentina de las manos de Drácula. Éste aparece a espaldas de Cantinflas con los brazos extendidos y dispuesto a atacar a su próxima víctima. El público suelta una carcajada que se propaga como un trueno por el auditorio.

Cantinflas no se ha percatado de la amenaza, pero ve de reojo las sombras de unas alas extendidas para volar. Aminora su paso y comienza a caminar en cámara lenta, seguido de Drácula, quien avanza al mismo compás. Ambos coinciden caminando con un paso atrás y otro adelante, en una marcha exacta y flotante.

Drácula se aproxima al cuello de Cantinflas y él lo detiene diciéndole:

—Momento mi joven.

Aspira profundamente su cigarrillo con aire de suficiencia y le agrega:

—Ora sí, jálele —y juntos arman un alboroto correteándose a grandes zancadas.

Cantinflas se precipita al suelo en barrena y grita:

—¡No!, ¡no, maestro, no!

En las gradas los espectadores se desbordan en aplausos. Cuando Drácula aproxima su rostro al cuello de Mario para chupar su sangre, el comediante vuelve a detenerlo y le dice:

—Mi joven, por favor, ¡que no vaya a doler! ¡Mire que soy señorito!

Hace una pausa para controlar su terror y se lleva las manos de modo desafiante a la cabeza para hacerle al vampiro una figura de cuernos.

Haciendo fintas y cabriolas Cantinflas escapa y Drácula lo persigue con ira intentando atraparlo con las alas batientes de los extremos de su capa. El escenario queda vacío y de repente se escucha un "¡ay!" de espanto, seguido por otro de súplica.

Un silencio turbador y profundo se instaló en la carpa. En medio de la penumbra Cantinflas emerge como una sombra con el manto de Drácula en la mano y arrastrando a su pobre víctima como trofeo hacia el público. Se detiene frente al auditorio, crispa sus ojos de emoción y suelta una frase lapidaria que enloquece a la multitud:

—Me lo chupé.

Vespertinas para soñar a Cantinflas

El cine es un acto de infidelidad. Un coloquio amoroso en medio de la penumbra de una sala. Allí devoramos imágenes para mantener en vilo el adulterio visual de las citas vespertinas y ver las películas con las que pretendemos redimir ingenuamente el hastío implacable de la vida cotidiana.

Como todo amor que nos consume en el desasosiego y el temor de perderlo, lo difícil es precisar los límites de ese noviazgo que nos suscita el cinematógrafo. A pesar de nuestra aparente dureza, seguimos siendo vulnerables a los prolongados y tiernos besos de rubias irreprochables y galanes perfectos. También de golpizas y puñetazos memorables por parte de hombres rudos e infalibles que desafían nuestras dulces cobardías, secretamente cultivadas.

Por las trampas sentimentales del celuloide aprendimos a amar a Cantinflas. En sus primeras películas la seducción era inmediata. Pero nos obligaba a botar alegremente por la borda el imaginario descortés y sentimental de los héroes que nos impuso Hollywood, con su cine de vaqueros solitarios que sobrevivían al sonido silbante de las balas, a los duelos a muerte bajo un sol calcinante y a las caídas aparatosas con el asalto a caravanas que dejaban una estela de polvo, un par de blondas apetecibles y una pila de muertos anónimos expuestos al voraz apetito de los buitres.

Cantinflas venía deliciosamente envuelto en el celofán del cine sonoro mexicano de los años treinta. Cuando lo vimos por primera vez aprendímos de manera torpe el desconcertante y brutal oficio de la adolescencia, bajo el aturdimiento sonoro y místico del mejor rock inglés de la década de 1970. A pesar de la distancia cultural con nuestra generación, Cantinflas mantenía aún una vigencia superior a Dios y una garantía poética a prueba de infidelidades y oportunismos cinematográficos.

Arrogante por naturaleza y por principios inconfesables, mi generación se consideraba impermeable y blindada a cualquier tentación cultural *kistch* que proviniera de México. Pensábamos que nuestras raíces estaban en la desintegración del átomo, la subversión sonora del trompetista de jazz Miles Davis, en la llegada del hombre a la Luna y en la transformación de ese planeta en un accesorio técnico de la Nasa.

Teníamos una cuenta de cobro enorme con la Revolución Mexicana, lamentábamos el fracaso estético del muralismo, creíamos que las rancheras eran una versión malograda de la crónica roja, y el nacionalismo cinematográfico de México lo percibíamos como un territorio lejano e incomprensible a nuestro mundo autista de afiches mentales de Marilyn Monroe, suspiros no correspondidos de Brigitte Bardot y noches enteras conectadas a la melancolía extraña y turbulenta del saxofonista de jazz John Coltrane.

Cantinflas se coló por el resquicio más frágil de nuestra generación: el cine y nuestro gusto por el humor. Y junto con él ingresó como un huracán la cultura popular de México de los años de la revolución constitucionalista de Lázaro Cárdenas, un período que abarcó desde 1934 hasta 1940.

La época de oro del cine mexicano representó una de esas sorpresas para las cuales no estábamos preparados para asimilarla. Habíamos acumulado un prontuario de emociones estéticas y visuales con los hermanos Marx. Buster Keaton y Charles Chaplin terminaron convertidos, a pesar de ellos, en nuestros parientes más cercanos, y en quienes delegamos los esfuerzos más sinceros para cultivar de prestado un sueño que nos permitiera olvidar por instantes algunas de las páginas horrendas que había acumulado el siglo XX en sus 80 años de historia.

Groucho, Zeppo, Harpo, Gummo y Chico Marx estaban reseñados como culpables en la pérdida de nuestra inocencia infantil. Sus sarcasmos y parodias visuales reemplazaron las recomendaciones más rígidas y lúgubres del colegio, el mundo rutinario de los adultos y las comedias provincianas y lacónicas de la televisión nacional.

En nuestra memoria habíamos acumulado las claves secretas de la iconografía sutil y poderosa del cine mudo. Nos sentíamos también vagabundos habitando las desoladas avenidas por donde Charlot dialogaba con el niño imperecedero que llevaba en su alma. Reíamos conmovidos por sus grandes zapatones rotos e imaginábamos que sus suelas desgastadas arrastraban toda la humedad y las penurias de Londres.

Chaplin había revolucionado con su genio cómico las inocentes guerras de tortas de los inicios del cine mudo por historias conmovedoras de desarraigo social, libertad y compasión en películas como *Haciendo por la vida* (1914), *La quimera del oro* (1928) y *Tiempos modernos* (1936).

El cine mudo era un recuerdo perfecto e imborrable en nuestra memoria visual cuando llegó Cantinflas a nuestras vidas. A él lo conocimos primero que sus películas. En casa se hablaba de Cantinflas como de un pariente afortunado y millonario. Su contienda contra la pobreza era una anécdota remota en el balance de su vida, tejido por nuestros padres y abuelos en las cenas familiares.

Su historia en las carpas no existía. Curiosamente Mario Moreno era un hombre sin pasado. Sólo de este modo se podía comprobar que Cantinflas alimentaba las conversaciones y la imaginación de abuelos, tías vanidosas y analfabetas, primos lejanos y hermanas solteronas y dicharacheras, gracias a los filmes en los que el cómico dejó su visión sarcástica y tierna de la realidad mexicana.

En las reuniones familiares, las películas de Cantinflas tenían un comienzo o un final distinto al que ocurría en la pantalla. Cada miembro de la casa alargaba, reducía o inventaba escenas en un esfuerzo por crear su propia historia visual con la complicidad que otorgaban las cintas tragicómicas y gozosas de Mario Moreno.

Cuando vi su primera película era exacto a como lo había descrito el conocimiento y la imaginación de mis parientes. Encarnaba la antítesis de todo lo que había fabricado Hollywood en su máquina de sueños. En la pantalla lucía diminuto y frágil. Y la vestimenta lo convertía en la representación perfecta del antigalán.

Sin embargo, de sus gestos sorprendentes y ágiles, así como de sus largas y provocadoras peroratas, brotaba una extraña y profunda dignidad en una mezcla de ternura, romanticismo y desamparo.

Me pareció cercano a Charles Chaplin. Y lo sublimé como alguien especial en la selecta y exquisita familia de cómicos que se inspiraron en el clasicismo narrativo, el drama humano y las innovaciones expresivas del genio de Charlot. Sólo que, a diferencia del cómico inglés, Cantinflas abarcó la pantalla para expresar su epopeya humorística con gestos y palabras, gracias a los avances del cine sonoro.

Yo llegué tarde a su primera cita. De nada sirvieron los afanes de mi mamá por dejar la casa ajustada al aburrido y armonioso orden doméstico, y salir corriendo angustiados y torpes al teatro Guzmán Berti de Cúcuta para ver *Ahí está el detalle*, dirigida por Juan Bustillo Oro en 1940.

Ella la había visto de niña, y repetirla con su hijo adolescente era una aventura estimulante en una tarde calurosa y espléndida de agosto. Para mi mamá el cine era una ceremonia incompleta si carecía del ritual de las palomitas de maíz y de los helados, en la infinita posibilidad de mezclas entre la leche y las frutas.

Si no fuera por las trampas y fatigas del matrimonio, que mermaban en ocasiones su entusiasmo juvenil, ella hubiera podido reducir el universo a dos axiomas cruciales en su vida: helados y Cantinflas. Adoraba a Mario Moreno y consideraba impagable la deuda de alegrías que sintió en su infancia con varias de sus películas, proyectadas en la superficie blanca de las paredes de su vecino o en salas de proyección con olor a alcanfor.

Su apetito visual estaba bien balanceado. Durante su niñez había consumido una cantidad importante de cine mudo, tanto europeo como mexicano. Las películas de Chaplin relatadas por ella tenían sonido. Y uno podía escuchar el ruido del agua y del barro salpicando la cara del cómico inglés, con el paso raudo de un automóvil conducido por un empresario bajo un Londres cercado por el invierno.

La memoria fílmica de mi madre y de mis abuelos era elástica y se estiraba en el tiempo. Sus recuerdos eran un continente visual en el que era posible hallar tesoros arqueológicos del cine clásico hasta el Big Bang silencioso en blanco y negro de la infancia del séptimo arte.

Max Linder, Ernst Lubitsch, Howard Hawks, Harold Lloyd, Buster Keaton y Charles Chaplin escaparon a tiempo de la isla del *music hall* y de la pantomima francesa, hasta alcanzar el puerto de la comedia y el chiste visual, en el que mis familiares los esperaban con los ojos parpadeantes y con un gesto cándido de reverencia frente a la pantalla.

Habían visto con paciencia y recogimiento los asombrosos efectos de multitudes que parecían desbordar la pantalla en *Nacimiento de una nación*, el filme épico de D. W. Griffith. Se intercambiaron miradas de asombro con los imponentes escenarios urbanos de *Metrópolis* (1915), la colosal producción del director alemán Fritz Lang.

La misma gratitud y docilidad se la ofrecieron a Cantinflas en teatros con marquesinas ruinosas, pantallas con parches y remiendos, silletería ordinaria y desgastada en los que familias completas, ancianos solitarios y parejas de novios impacientes devoraban con desvelo el contoneo magistral de Mario Moreno improvisando en su estilo tangos, pasodobles y danzones.

La ilusión del cine dominaba sus vidas, y parte de ellas se las ofrecieron a las comedias de Cantinflas. Habían hecho colas dominicales fastidiosas para verlas y hablaban de ellas durante semanas, como si se tratara de sucesos decisivos a los que no se puede renunciar. A través de esas conversaciones las imágenes de la filmografía del comediante mexicano se habían depositado en la memoria de varias generaciones con la misma sutileza con que el polvo se adhiere a una superficie.

El anuncio en 1940 del estreno de *Ahí está el detalle* en los teatros de América Latina llenó de alborozo a la recién conquistada y entusiasta audiencia del cine mexicano. Clasificada como comedia de enredos y escogida entre las diez mejores películas en la historia del cine nacional de México, la cinta se convirtió en el suceso cinematográfico de la década en el continente americano.

El salto milagroso del espectáculo de feria de la carpa con sus magos, malabaristas y payasos al cine de masas obligó a los artistas que llevaron a cabo ese tránsito industrial, en el México de la década de 1930, a vivir una etapa intensa de experimentación y aprendizaje.

Ahí está el detalle logró aglutinar en su reparto a los artistas más profesionales del cine sonoro en México, y a Cantinflas le mereció el reconocimiento de su interpretación más creativa y genial frente a las cámaras.

El cine sonoro avanzó en México con las dificultades propias de toda nueva tecnología. Para implantarlo fue necesario también inventar un lenguaje cinematográfico propio y original para un público hispanohablante que intentaba reconocerse en las frases y las imágenes que salían elaboradas de los estudios Churubusco de Ciudad de México hacia las urbes en crecimiento de América Latina.

En 1931 el actor Antonio Moreno produjo *Santa*, película protagonizada por Lupita Tovar y con fotografía de Alex Phillips. Este filme incorporó por primera vez el sonido directo, técnica importada de Hollywood por parte de los hermanos Rodríguez, que tenía como propósito establecer las bases de una industria cinematográfica en México.

Varios directores mexicanos se habían vinculado a la producción de cine mudo en Hollywood y con los avances del sonido regresaron a México para impulsar y convertirse en pioneros del cine sonoro en su país. Es el caso de José Bohr, Arcady Boytler, Miguel Contreras y Fernando de Fuentes.

Los actores y actrices de México que habían hecho una carrera fulgurante en el cine mudo dieron el salto al sonoro y adoptaron los estilos manieristas y afectados de las divas italianas, creando una estela de películas memorables, otras empalagosas y algunas francamente desafortunadas. Estrellas como Cándida Beltrán, Guillermo *Indio* Calles, Ramón Novarro, Lupe Vélez y Elena Sánchez Valenzuela se perpetuaron en las pantallas, y se convirtieron en figuras emblemáticas de los largometrajes silentes bajo la dirección de realizadores como los hermanos Alba, Enrique Rosas y Gabriel Vreyre.

El cinematógrafo había logrado afianzarse en los países de América Latina a finales del siglo XIX. La popularización del cine creó una nueva sensibilidad visual en las audiencias y entre 1920 y 1931 México, Argentina y Brasil dieron inicio a las nacientes producciones sonoras.

Para las primeras películas habladas en español, Hollywood contrató a varios artistas como Ramón Novarro, Lupe Vélez, Dolores del Río, Antonio Moreno, José Mójica y Carlos Gardel para realizar las versiones cinematográficas orientadas al mercado de los países de habla hispana.

Las películas sonoras irrumpieron como una ola gigantesca que arrasó con las formas establecidas de producción, grabación y distribución de la industria cinematográfica internacional. En México el sonido impuso una nueva constelación de artistas cuyas figuras y voces causaron furor en el público, y fueron adoptados como mitos con los que se identificaban miles de espectadores urbanos.

Esther Fernández, Raúl de Anda, Tito Guizar, Arturo de Córdova, Emilio Tuero, Domingo Soler, Lupita Tovar, Pedro Armendáriz y Dolores del Río fueron los protagonistas de las nuevas posibilidades expresivas del cine sonoro en los géneros del melodrama y la comedia, impulsado por directores como Julio Bracho, Roberto Gavaldón, Juan Bustillo Oro, Joaquín Pardavé, Emilio *Indio* Fernández y Luis Buñuel, quienes realizaron en dos décadas (1930-1950) producciones de una gran rebeldía estética y profundidad social.

Los avances del nacionalismo cinematográfico como política de Estado se consolidó con la creación de los Estudios

Churubusco en Ciudad de México. Esta fábrica de sueños a la mexicana, que entró a operar bajo los esquemas del *star system* de Hollywood, elevó a la categoría de mitos culturales en las audiencias populares latinoamericanas a Pedro Infante, Esther Fernández, María Félix, Jorge Negrete y al mismo Cantinflas por la abundante producción de comedias y melodramas.

Películas como *Flor silvestre* y *María Candelaria*, dirigidas por el Indio Fernández en 1943 con estrellas como Dolores del Río y Pedro Armendáriz, o *Enamorada* (1946) y *Río Escondido* (1948), que nos ofrecieron los ojos de deseo, rendición y entrega en la belleza perturbadora de María Félix, así como *El compadre Mendoza* (1933) y *Allá en el rancho grande* (1936), del director Fernando de Fuentes, recreaban los mitos de la cultura popular mexicana con sus imponentes haciendas y charros que interpretaban vibrantes canciones de amor y coraje en sus duelos temibles y melodramáticos.

Dolores del Río, calificada como "la diva mexicana de Hollywood", y María Félix, conocida como *La Doña*, colmaron a un público ansioso de mitos y celebridades con sus historias legendarias de amor en la vida y en el cine, su insolente desafío frente a los hombres y la delicada dosis de *glamour* y belleza que dejaban a su paso.

Ambas actrices trabajaron juntas en 1958 en la película *La cucaracha*, confirmando la naturaleza desafiante y volátil de sus personalidades cinematográficas, incubadas en la imaginación apasionada de sus seguidores, que las percibían cercanas y visibles, pero también, paradójicamente, inalcanzables, a pesar de la adoración colectiva hacia ellas. María Félix ayudaría a definir su propio mito al expresar que "a una actriz se le inventa, se le sueña, no se le investiga".

Destinada a convertirse en ídolo de multitudes y convencida de que había nacido para ser descubierta por el cine, el rostro bello e intrigante de María Félix conquistaría todo su poder de seducción en la pantalla con los clásicos y alegóricos encuadres fotográficos de Gabriel Figueroa o en las imágenes plácidas y sensuales del fotógrafo colombiano Leo Matiz, quien realizó las fotografías de los primeros *castings* de la diva mexicana.

En la oscuridad de las salas de cine las memorables y explosivas bofetadas de María Félix golpeando con decisión el rostro altanero de un caudillo de la Revolución Mexicana dejaban sin aliento y con una sonrisa cómplice en los labios a la mayoría de los hombres, cuando La Doña con su mirada acusadora avanzaba insolente y ruda hacia su víctima para gritarle: "Y si es hombre aquí tiene la otra".

María Félix, quien vivió romances apasionados y contrajo matrimonio con el bolerista Agustín Lara y el actor Jorge Negrete, conquistó una fama de desplantes y dureza hacia el mundo masculino a partir de las historias en el cine de heroína indócil, desafiante e impetuosa con los hombres.

En una de sus interpretaciones de mujer fatal, un enamorado le pide compasivamente que le ofrezca una palabra que le ayude a vivir antes de abandonarlo. La cámara nos aproxima su rostro altivo e inaccesible. Él observa sus grandes ojos negros con desamparo y deseo. Ella lo mira con desdén y arroja sobre él una de las expresiones emblemáticas del cine mexicano: "¡Olvídame!".

Los ojos cautivantes e intensos de María Félix sedujeron a varias generaciones de latinoamericanos en la pantalla y quedaron fijados en el centro de nuestros sueños adolescentes. Su mirada de entrega en los amores trágicos e inolvidables de sus películas la convirtieron en una diosa perturbadora con la capacidad para inspirar, vencer o poner a la deriva nuestros corazones en la opacidad de las salas de cine.

Filmes como *El peñón de las ánimas, Lo que va de ayer a hoy, La devoradora* y *Doña Bárbara* nos ofrecieron la silueta y la voz de María Félix en los inicios de su carrera artística.

A pesar de su cultivada insolencia con los hombres y de igualarse a ellos marchando como soldadera detrás de las fuerzas insurgentes en las películas sobre la Revolución Mexicana, María Félix antes de morir confesó su profunda veneración hacia ellos: "Sólo soy una mujer con el corazón de un hombre".

La muerte de Dolores del Río, el 11 de abril de 1983, y la de María Félix, el 8 de abril de 2002, provocaron reacciones de profunda tristeza en la América hispana y confirmaron la atracción popular de ambas actrices, que abrieron una senda mágica y emotiva para conectarse con el público a través de sus personajes femeninos altivos, sentimentales, atormentados, ambiciosos; respetables damas burguesas o resueltas mujeres campesinas colaboradoras de la Revolución.

La belleza del paisaje y la fuerza dramática de los personajes registrados en las producciones fílmicas de México en las décadas de 1930 y 1940 fueron descubiertos en las pantallas de América Latina, Estados Unidos y Europa por el genio visual y estético de Gabriel Figueroa, quien en más de 200 películas en 50 años de carrera artística se consagró como el gran fotógrafo del cine mexicano del siglo xx.

Con el interés de proteger e impulsar un mercado interno y latinoamericano para el cine, que además compitiera con la oferta de Hollywood, la joven industria cinematográfica de México produjo en los años treinta y cuarenta alrededor de 4.850 películas.

La época de oro del cine mexicano (1935-1955) representó un momento excepcional para la construcción de un imaginario colectivo de ideal de nación en el que los habitantes del país deseaban reconocerse en el paisaje, el habla, la cultura y la historia que narraban las imágenes de las películas mexicanas.

En ese momento los estrenos de las películas eran como fiestas anunciadas que se esperaban con ansiedad e impaciencia. Las de Cantinflas multiplicaban ese entusiasmo entre las familias, y las empleadas del servicio se contagiaban de ese frenesí cuando las advertían de elegir el mejor vestido para llevarlas a la proyección del largometraje.

El domingo comenzaba con la misa. Era un ritual obligado para ciudades provincianas que vivían aún a la sombra de un campanario y al amparo de la fe religiosa. Hacia el mediodía la vida se tornaba más ligera, y damas y caballeros se daban el último retoque para ser vistos atractivos, antes de sumergirse en la penumbra de una sala de cine para la función de vespertina.

Los conciertos de música en los fosos de los teatros habían desaparecido con el adiós del cine mudo. Si la mayor sabiduría consiste en desaparecer a tiempo como dicen los poetas, las películas de Chaplin y de los hermanos Marx se esfumaron de las pantallas con una cortesía y una prudencia cercanas al mismo gesto con el que desaparece un gato en una sala con visitantes extraños.

La contraprestación fue menesterosa y provocó la protesta silenciosa y juvenil de mis abuelos a sus quince años de edad. Unas tiras de noticieros cinematográficos como preámbulo a la exhibición de las películas colmaron el espacio de sus héroes del cine mudo, y ofrecían imágenes brutales de las maniobras militares y de los avances del ejército nazi en Europa y de la resistencia contra Adolfo Hitler por parte de soldados ingleses y rusos en medio de un invierno desolador.

Para mis abuelos la Segunda Guerra Mundial tenía la forma trivial de un servicio de noticias en imágenes un poco borrosas en blanco y negro y con un sonido estridente en el que un locutor relataba con un fuerte tono nasal y en un español curioso, los sucesos que consumían a Europa en una carnicería bélica para detener las pretensiones expansionistas de Alemania en 1940.

Pero también había premios de consolación cinematográfica que no permitían quitar los ojos de la pantalla. Toda una hilera de espectadores intercambiaron miradas de aliento cuando el actor Al Jolson, dirigido por Alan Crosland en *El cantante de jazz*, aparecía en el telón entonando una balada en una voz rugosa y emotiva con las que intentaba alcanzar el ritmo flotante y sincero de la música negra del sur de Estados Unidos.

Los aplausos retumbaban por la sala y mis abuelos se ponían de pie batiendo sus manos y girando sus cabezas hacia todos los lados del auditorio, en un gesto que parecía confirmar la felicidad dominical de saber que podían cruzar de modo impune y sutil la frontera porosa que abarcaba los mundos del cine y el de la vida real.

En esos tiempos el cine y la radio navegaban en la cresta de la ola del consumo cultural en los hogares de América Latina. Y la televisión no había hecho aún su entrada triunfante en el hemisferio sur como la hija adoptiva y preferida de la casa.

El hundimiento de los barcos petroleros mexicanos *Faja de Oro* y *Potrero del Llano* por submarinos alemanes, el 22 de mayo de 1942, provocó que el gobierno de Manuel Ávila Camacho declarara la guerra al eje Alemania-Japón-Italia. De este modo Estados Unidos contó con un aliado importante en su frontera sur.

A pesar del impacto de la Segunda Guerra Mundial en la economía, con la consecuente escasez de muchos bienes de consumo, el cine mexicano pudo sobreponerse a la carencia mundial de celulosa, material con el que se fabricaban películas y armamentos. La drástica reducción de la producción cinematográfica de Estados Unidos y Europa paradójicamente le abrió espacios inéditos a la creación fílmica de México en los mercados hispanohablantes de América Latina y Estados Unidos.

El cine mexicano empujó hacia la modernidad a amplios sectores de la población de ese país y de América Latina, pues a través de la producción masiva de melodramas y comedias habladas en español ofreció elementos de identidad a sociedades en proceso de construcción de su nacionalidad.

Las películas del Indio Fernández y las de Cantinflas se convirtieron en fenómenos culturales de masas con un éxito taquillero desbordante, y convirtieron a muchas de las estrellas del cine mexicano en nuevos ídolos culturales, incestuosamente compartidos y disfrutados con fanatismo por proletarios, pequeñoburgueses, aristócratas y ricos del continente.

El tránsito de la cultura popular a la de masas a través del cine obligó a Cantinflas a decantar el personaje original inventado en la comedia popular de las carpas del "diluvio de gozosas obscenidades", como dijo el escritor Carlos Monsiváis, y de las parodias agresivas habituales encarnado en el "peladito", por una variedad de personajes representados en abogados, médicos, policías, sacerdote, profesor, mago de feria, boxeador y prófugo que le prodigaron el clamor, la adopción incondicional y apasionada de las audiencias hispana y universal.

Ahí está el detalle, la quinta película de Cantinflas, le permitió por primera vez al actor cómico convertirse en personaje central, a diferencia de sus realizaciones cinematográficas anteriores —*No te engañes corazón* (1936), dirigida por Miguel Contreras Torres; *Así es mi tierra* y *Águila o sol*, bajo la dirección de Arcady Boytler en 1937, y *El signo de la muerte*, realizada por Chano Urueta en 1939—, en las que el actor asumió papeles importantes, pero secundarios.

Sin embargo, Juan Bustillo Oro escribió inicialmente *Ahí está el detalle* para el lucimiento del actor Manuel Medel, pero fue Cantinflas con su caminar bamboleante, su bigote escaso, su actitud parlanchina, su conchudez y la alegre y sediciosa filosofía popular, quien concentró las ovaciones y los elogios del público y de la crítica de cine.

En *No te engañes corazón* Cantinflas contaba veinticinco años de edad y actuó maquillado, al igual que sus roles en la carpa, realizando el papel de un personaje popular. Bajo la mano maestra del cineasta soviético Arcady Boytler, quien emigró a México en la década de los treinta, Moreno Reyes logró una actuación sensible, espontánea y de una extraordinaria fuerza dramática, lo cual lo convirtió en un actor destacado en *Así es mi tierra*.

El crítico Eduardo de la Vega Alfaro reseñó que esa película "resucita la primera comedia fílmica mexicana digna de llevar tal calificativo. El director imprimió a la cinta toda su experiencia y conocimiento en materia de comicidad, adaptada a la tradición nacionalista".

Rodada en los estudios de México Film en 1937, narra la historia de un general revolucionario que regresa a su pueblo con sus tropas, y su lugarteniente (Manuel Medel) se enfrenta con Cantinflas por una mujer.

Otro de los logros de Boytler con los comediantes Mario Moreno y Manuel Medel fue su realización de la película *Águila o sol*, un largometraje salpicado de música y *sketches* de la revista que cuenta la historia de huérfanos que habitan las calles de Ciudad de México. En el filme, Cantinflas despliega con virtuosismo y equilibrio sorprendentes el arte del mimo, acercándose al estilo sarcástico y tragicómico de Chaplin.

Para los historiadores del cine mexicano, a pesar de las deficiencias en la estructura de la película, *Águila o sol* fue considerada la realización que más se ajusta a las características del personaje popular y urbano de Cantinflas, con sus escenas melodramáticas, sus bailes frenéticos, su poesía callejera y sus dichos incomprensibles.

En un diálogo malicioso e irreverente, Moreno y Medel improvisan una chispeante y equívoca conversación atiborrada de sarcasmos para burlarse de la autoridad:

> *Medel:* Y lo que más me da coraje es la forma en que usted trata a la policía, por la cual siempre se lo han de llevar. Cuando llegó el gendarme, en lugar de decirle "señor, es un pleito callejero", cuando él dijo "acompáñeme", ¿qué le contestó?
>
> *Cantinflas:* No es usted mi tipo (carcajadas).
>
> *Medel:* Ahí está lo malo, señor.
>
> *Cantinflas:* De manera que si un individuo llega "acompáñeme", ya no más porque lo acompaño.
>
> *Medel:* Al ser la autoridad, hay que acompañarle en cualquier terreno, en cualquier terreno.
>
> *Cantinflas:* Momento, usted como autoridad, vamos hacer de cuenta, es autoridad... ¿Qué necesidad tiene usted de eso? (carcajadas).

En los planos largos y prolongados de sus primeras películas, el histrionismo de Cantinflas era un hilo de inspiración conectado a la memoria del lenguaje cáustico de los *shows* de la carpa, con el cual el artista inventaba un léxico incoherente y una sintaxis delirante que le permitía a su personaje locuaz conjugar verbos erróneamente e ingeniarse adjetivos y adverbios.

Cantinflas solía tener oídos y ojos excepcionales para captar los matices del habla y los gestos de la gente durante sus extenuantes recorridos por los barrios y zonas bohemias de la ciudad. Sus ojos penetrantes e inquietos escudriñaban escenas callejeras y el ritmo imparable de Ciudad de México con sus nuevas avenidas, el aluvión de emigrantes europeos que huían de la guerra y el resplandor de la electricidad y el neón iluminando la rebosante y alegre vida nocturna de los años cuarenta.

Desde sus años de pobreza los ojos de Mario Moreno habían observado a Ciudad de México con la desesperación, la rabia y la indulgencia que sólo se le prodigan a una amante. Hasta las tres primeras décadas del siglo xx la "París de América Latina", como sentimentalmente calificaron los mexicanos a su capital, cabía en la retina y en la imaginación de quien se atreviera a imaginarla. Después las vertiginosas e imponentes avenidas, los amplios bulevares, las prolongadas e inasibles sombras que proyectaban las bombillas eléctricas sobre las aceras la tornaron masiva y lejana.

Los ojos de Cantinflas habían bordeado a Ciudad de México con la impunidad y sosiego de quien cultiva un vicio secreto. Despojado de los límites habituales en los que su mirada curiosa se detenía en la observación de plazas, de las inesperadas y sugestivas vivencias urbanas, de los pequeños y diminutos crímenes públicos, de transeúntes y esquinas, Mario Moreno terminó por sentir que la ciudad de su infancia se desvanecía con el paso avasallante de la modernización y el urbanismo que creaba nuevos roles sociales y empleos que él llevaría de modo magistral a la pantalla de cine.

El descenso a los círculos del infierno y del paraíso de la Divina Comedia urbana de Ciudad de México le ofreció una sabiduría y una visión que él recreó en su arte cómico de malabarismos verbales, disfraces excéntricos, escenografías ingeniosas e historias inquietantes y mordaces con las que nos confió los secretos de nuestras grietas sociales, el poco respeto de los políticos hacia sus pueblos, los abusos de los poderosos y la vulnerabilidad de nuestras certezas y prejuicios.

Clasificada como comedia de enredos, en los 112 minutos de *Ahí está el detalle* vemos pasar la vida con su carga inevitable de reveses y confusión encarnadas en personajes contradictorios como Leopardo del Paso, Cayetano Lastre y Clotilde Regalado, que ventilarán sus desasosiegos en un tribunal de justicia con jueces sordos y una audiencia voluble y socarrona.

La escena final del juicio, uno de los momentos más recordados de la película, se basó en una investigación rigurosa de Juan Bustillo Oro, director del filme, en un resonante caso de crónica roja sucedido en México en 1925. Las reveladoras declaraciones de un criminal inspiraron la elaboración de uno de los monólogos más brillantes en la historia del cine mexicano.

El encuentro entre Cantinflas y el actor Joaquín Pardavé le aportan a la película una alta dosis de comicidad corporal y ocurrencias verbales descabelladas, las cuales hacen saltar por los aires el ordenado, engañoso y frívolo edificio de nuestros convencionalismos sociales:

—Conteste pronto.

—No puedo.

—¿Por qué?

—Porque todavía no me pregunta usted nada.

—Vea. ¿Qué hace usted aquí?

—No, pos usted me dijo que me parara aquí.

—Le pregunto a usted ¿qué hace usted aquí en mi casa?

—Pues es lo que yo digo. De manera que aclarado el punto, con permiso, me retiro.

—¡Ay!

—Otra vez va a estar jugando.

—No se burle. No se burle y conteste antes de que le pegue un balazo.

—Será mejor antes.

—¿Qué hace usted aquí?

—Y ¿usted?

—Eso a usted no le importa.

—Con usted no puede uno entenderse. Si a mí no me importa, ¿por qué a usted sí le importa lo que a mí no me importa?

—¿No se da cuenta de que yo soy el marido?

—¿Cuál marido?

—Su marido.

—¿Mi marido?

—¡Ay!

—¡Ay chirrión! Oiga, usted, no diga usted así las cosas, que a lo mejor lo están oyendo. ¡Y mi reputación!

Cuando finalizó la película los vigilantes del teatro abrieron las puertas de forma apresurada y una luz amarilla invadió la sala de cine. Algunos espectadores fruncieron el ceño por los rayos de luz que de forma inoportuna provocaron un fuerte parpadeo en sus ojos, que retornaban del viaje en claroscuro y relampagueante de las imágenes proyectadas en la penumbra del salón.

Los niños revoloteaban alrededor de los adultos sonrientes que habían formado círculos en los pasadizos de la sala para comentar la película y dificultaban la salida de las personas más apresuradas por abandonar el teatro. Las mujeres pronunciaban frases de elogio y entornaban los ojos para referirse a los tacones altos, los vestidos largos que remataban en boleros y los moños atrevidos que lucían con coquetería las actrices Sara García, Sofía Álvarez y Dolores Camarillo.

Todos se movían lentamente y parecían hechizados por el carnaval de imágenes y las locuras sorprendentes de Cantinflas en *Ahí está el detalle* y no hallaban aún la manera acertada de traspasar el umbral de la puerta y volver a establecer el vínculo forzoso con la realidad, que se insinuaba triste y solemne cuando colocaran los pies sobre el pavimento que los conduciría a casa.

Mis abuelos, que hacía mucho tiempo habían perdido la necesaria y obligada noción de la frontera entre la realidad y la ficción, eran los más entusiastas y relajados entre los asistentes a esa velada dominical en la que Cantinflas volvió a enhebrar, con su gracia de buscavidas y arlequín de barriada, sus bromas excesivas y descaradas bajo la discreta vigilancia de su sombrero inclinado y sus ojos cálidos y traviesos.

Cantinflas, quien obtuvo por ese filme un pago por primera vez en su vida de 15 mil pesos mexicanos, conquistó definitivamente el cariño y la admiración del público, y consiguió las ofertas monetarias y cinematográficas más tentadoras de las casas productoras de películas.

El éxito resonante y masivo de *Ahí está el detalle* sedujo al empresario Jacques Gelman, de origen ruso y coleccionista de arte, para proponerle a Mario Moreno Reyes junto a Santiago Reachi, la creación en sociedad de una compañía de cine, que se fundó con el nombre de Posa Films en 1941.

Ni sangre ni arena (1941), dirigida por Alejandro Galindo, con guión de Jaime Salvador, fue el primer largometraje en que Cantinflas debutó como protagonista, junto al comediante Fernando Soto *Mantequilla,* en una divertida historia de toros de lidia, con la que inició su fama legendaria de "el mejor torero bufo del mundo".

Con un elenco talentoso de intérpretes que incluyen figuras como Pedro Armendáriz, Armando Arriola, Susana Guízar, Roberto Banquells y Nino del Brillante, Cantinflas desea asistir a la fiesta de Anita a la que ha sido invitado Manolete. El torero viaja en el mismo tren que ha tomado Mario Moreno sin comprar el tiquete. En su intento de escapar del controlador del tren, Cantinflas roba las prendas de un viajero, que por casualidad es Manolete. Éste va a dar en la cárcel y el cómico es recibido con algarabía y respeto en la hacienda de Anita.

Cantinflas publicó alguna vez en la revista de la comunidad Conacyt un texto picante sobre su afición taurina, en el que expresa sus ingeniosas observaciones sobre el mundo de los ruedos:

> Que el toro es una cosa seria sí se los puedo asegurar. Tan seria, que yo no he visto reír a ninguno. Eso no quiere decir que en la fiesta no haya alegría y cosas que provoquen risa. Por ejemplo, yo he visto, porque a mí me consta, sin poder asegurarlo, que muchas veces se dan casos en que no se sabe y, sin embargo, ahí está el toro. ¿Qué quiere decir?... ¡Que hay toros alegres! ¿O usted nunca ha leído de algún cronista, que el toro embistió con alegría? En cambio, nunca habrá sabido de algún toro que haya muerto embargado de tristeza. Estas reflexiones que hago pudieran ser fruto de las correteadas que he sufrido ante públicos muertos de risa que saben de antemano que soy comediante y torero bufo, pero los toros no lo saben... ¡y ése es mi problema!

Convertido en un hombre millonario, Mario Moreno dio rienda suelta a su pasión por los toros. Fundó su propia ganadería y construyó un ruedo para su deleite personal. Entrevistado por la prensa sobre el Cantinflas torero respondió que era él mismo, "na más que no es igual estar frente al toro, que así, sin toro. A mí me ha gustado mucho inclusive en los Estados Unidos había quien pensaba... 'Bueno, pero usted antes de torear *amaistra* al toro'; y yo le contesté: 'No solamente eso, yo duermo una noche anterior con él' ".

Ni sangre ni arena batió en cuatro días los índices de taquilla en México, y logró una recaudación de 54 mil pesos mexicanos, que representó una suma significativa para ese momento.

El escritor mexicano Jorge Ibargüengoitia, autor del libro *Autopsias rápidas*, tenía trece años cuando se estrenó esa película, en 1941, y evocó en su obra una de las escenas verbales de Cantinflas:

En mayo de 1941, entre un arroyo y unos piedrones, en Bosencheve, mi propio primo Jorge López Moctezuma me relató golpe por golpe y toma por toma de la película *Ni sangre ni arena*. Yo no había oído a Cantinflas, a pesar que durante cuatro o cinco años no había oído de él más que elogios —quizás por esa razón no lo había querido ver— pero la relación de mi primo fue tan interesante que apenas pude ver la película. Me pareció que no era tan graciosa como la gente decía. "Es que habla como los pelados", decían los entusiastas. No como los que yo conozco, excepto, claro, cuando imitan a Cantinflas. Recuerdo una secuencia verbal: Cantinflas está afuera de la plaza de toros y vende puros.

—¡Puros! ¡Puros! —dice.

Pasó algo y le caen tacos en la mano.

—Tacos de los fritos, llamados flautas —y empieza a venderlos también.

—¡Puros ¡Tacos! ¡Tacos! ¡Puros!

Ocurre un segundo incidente, le quitan los puros y le dejan no más los tacos. Entonces viene la frase de cierre:

—¡Puros tacos! ¡Tacos! ¡Puros tacos!

Para lograr este chiste hay una acción visual en la que intervienen varios personajes —el que le da los tacos, el que le quita los puros y un español—, que es complicada y confusa, que no puedo recordar y que costaría trabajo reconstruir. En cambio, Cantinflas bailando —visto una vez— o Cantinflas toreando son cosas que no se olvidan. Pero en 1941 tenía trece años, ya no era un niño y había comenzado para mí la noche del espíritu cómico.

En las encantadoras y atiborradas proyecciones de cine, el personaje malicioso y seductor de Cantinflas continuó haciendo desternillar a varias generaciones en vespertinas fugaces y gozosas con sucesivas y exitosas cintas como *El gendarme desconocido* (1941) y *Los tres mosqueteros* (1943), en las que el actor hacía trizas, por la vía del absurdo y la desmitificación, las máscaras honorables con que se encubren los sectores que ejercen el poder de modo abusivo y corrupto en las sociedades latinoamericanas.

Dirigida por Miguel M. Delgado y con la fotografía de Gabriel Figueroa, *El gendarme desconocido* fue vista como un "clásico del humor cinematográfico en México, no porque sea muy graciosa, sino porque ejemplifica lo que en una época se juzgaba el colmo de la gracia, el descubrimiento masivo del humor en salas de cine y en jacalones habilitados como salas de cine", reseñó el ensayista mexicano Carlos Monsiváis en su libro *Escenas de pudor y liviandad*.

En la película, Cantinflas luce rebosante de euforia y en la afirmación definitiva de su estilo cómico excepcional, desdoblándose en la representación de un policía que se burla de los delincuentes y en el hombre marginal que intenta seducir a la intrigante y encantadora villana, protagonizada por la actriz Mapy Cortés.

En el filme una banda de ladrones ha sometido a la ciudad a una angustia preocupante y desbordado los esfuerzos de la policía para capturarlos. El jefe de los agentes de la ley presiona a sus hombres para arrestar a los delincuentes en 48 horas. Los miembros de la pandilla se reúnen en un café administrado por una viuda y su hija, pretendida por Cantinflas, quien se enfrenta a los bandidos en una trifulca, y termina en una comisaría.

Cantinflas se convierte en policía y a través de su humor irreverente y de los destellos de lucidez en su interpretación encarna al divertido agente 777. "A s'ordens jefe" es la frase que de modo reiterado pronuncia el personaje con torpeza en sus improvisaciones de policía y que caricaturiza las solemnidades y fragilidad de la autoridad. La supuesta eficacia de los hombres que representan la ley y el orden es reducida por el cómico a niveles insospechados de absurdo y causticidad.

Bajo la dirección de Miguel M. Delgado, películas como *El gendarme desconocido, Carnaval en el trópico, Los tres mosqueteros, El circo, Romeo y Julieta, Gran Hotel, Seis días con el diablo* y *Soy un prófugo,* realizadas en la década de los cuarenta, revelaron en Mario Moreno de forma resonante a un actor versátil y dotado de una inteligencia interpretativa prodigiosa. Con ella liberó su espíritu cómico en sátiras imaginativas que construyeron un retrato delirante, honesto y burlón de las sociedades excluyentes e injustas del México y de la América Latina de su tiempo.

Perteneciente al grupo de pioneros del cine sonoro mexicano, educado en las técnicas fílmicas de Hollywood, secretario y amigo de Gary Cooper, Miguel M. Delgado dirigió 150 películas en sus 61 años de carrera cinematográfica, de las cuales 33 fueron realizadas con el comediante Mario Moreno Reyes.

Frank James Cooper, hijo de inmigrantes ingleses y oriundo de Montana, se vinculó al cine de manera fortuita y había consolidado una leyenda de actor intuitivo y espontáneo caracterizado por su modo de hablar preciso y meticuloso, cuando invitó a Miguel M. Delgado a trabajar con él entre 1928 y 1931.

Bajo un contrato exclusivo con los estudios cinematográficos de la Paramount Pictures películas como *El virginiano*, *Buffalo Bill*, *El forastero*, *El caballero del Oeste*, *Sólo ante el peligro* y *El árbol del ahorcado* fueron los *westerns* que inmortalizaron a Gary Cooper en la memoria del público y en la historia del séptimo arte.

Delgado, quien también había trabajado de asistente en la primera película sonora de Hollywood *El cantante de jazz*, producida por la Warner Brothers, en su regreso a México realizó varios filmes como *Cielito lindo*, *Chucho el roto*, *Duelo de valientes*, *Grítenme piedras del campo*, *Entre ficheras anda el diablo*, *El Santo contra la hija de Frankenstein*, *Una mujer que no miente, El Zarco, Bellas de noche, Mi viuda alegre, Noche de juerga* y *Mientras México duerme.*

Su extensa filmografía comprende comedias, melodramas, aventuras de policías, rancheras, películas de lucha libre, de pistoleros, temas juveniles, de violencia urbana y de cabareteras. Miguel M. Delgado se destacó como el primer director que filmó desnudos en México, en *La fuerza del deseo,* y fue el primero también que abordó el tema del tráfico de drogas, en *Cargamento prohibido.*

Igualmente, fue pionero en América Latina por el uso del lente de cinemascope en *La doncella de piedra* y fue reconocido por el fotógrafo Gabriel Figueroa como "el mejor director técnico del cine nacional" en México. Delgado se destacó también como asistente de dirección en más de 65 películas y llegó a convertirse en el director de cine mejor pagado de México en los años treinta y cuarenta.

La vida de Miguel M. Delgado en el cine también incluyó intensos y virtuosos papeles de villano, como su actuación en *Enemigos*, película dirigida por Chano Urueta y estrenada en 1933. A pesar de que nunca tuvo interés por ser actor participó en ese rol también en *El tigre de Yautepec* y en *Vámonos con Pancho Villa* (1935), de Fernando de Fuentes.

En 1939 se desempeñó como director de diálogos en *Perfidia*, el filme de William Rowland, y en 1943 laboró como director subalterno en la producción de *Doña Bárbara*, la realización de Fernando de Fuentes protagonizada por María Félix. En 1941 inició su carrera como director al realizar *El gendarme desconocido* con Cantinflas.

El veterano realizador que abarcó casi un cuarto de siglo empuñando el megáfono en tantas películas, conquistó la confianza de Mario Moreno Reyes por su disciplina, experiencia, lealtad y discreción.

Cantinflas, que siempre llamó *Maik* a Delgado, admiró la sabiduría artesanal, el conocimiento riguroso que tenía del cine su director de cabecera y la habilidad para sacar el mejor provecho del presupuesto y del tiempo en las producciones fílmicas. Miguel M. Delgado contaba además con el atractivo de pertenecer a la generación de realizadores que había dotado a la industria del cine mexicano de la fuerza comercial necesaria para expandirse en el mundo, y que posibilitó la producción de 100 películas al año en la llamada "época de oro".

Durante los rodajes con el cómico las películas se grababan en sonido directo "porque era prácticamente imposible que Mario Moreno hiciera doblaje debido a su peculiar manera de hablar, que por cierto como actor era muy indisciplinado", señaló Miguel M. Delgado en 1986 al diario *El Sol* de México.

La alianza creativa de Mario Moreno Reyes y Miguel M. Delgado, fecunda e ideal la mayoría de las veces, inspiró desde 1941 dentro de la filmografía de Cantinflas la invención de una rica variedad de personajes que revoloteaban en la imaginación de ambos artistas y se materializaron en películas que la idolatría popular convirtió en íconos en las salas de cine e impulsaron la carrera artística del comediante de modo vertiginoso.

© Archivo El Tiempo

De las carpas rotas a la gran pantalla: Mario Moreno
ganó mucho dinero con sus películas, e hizo grandes
obras de caridad en su país y el extranjero.
Aquí aparece en una visita a Bogotá en 1959.

© Archivo El Tiempo

Arriba
Cantinflas llega a Manizales para una corrida de toros.
7 de febrero de 1954.

Página siguiente
La vuelta al mundo en 80 días *(1955) tuvo un reparto excepcional: Shirley McLaine,*
Marlene Dietrich, Buster Keaton y Frank Sinatra, entre otros. Moreno
representó a Passepartout, el compañero del protagonista, Phileas Fogg,
interpretado por David Niven.

Páginas siguientes

Mario Moreno en el ruedo de la plaza de toros de Manizales.

© Manuel H.

Arriba

En la película El señor doctor, *dirigida por Miguel M. Delgado.*
Junio de 1985.

Página anterior

*Mientras Cantinflas practicaba sobre el velocípedo una de las
escenas de* La vuelta al mundo en 80 días, *un policía londinense
lo detiene por estar en una área restringida
(26 de agosto de 1955).*

El ídolo de multitudes: Mario Moreno fue admirado por todas las clases sociales; además, su personaje inspiró a muchos cómicos de América Latina. El día de esta fotografía recibía, en Ibagué, la condecoración con el grado de maestro honoris causa.

Las películas de Mario Moreno con Miguel M. Delgado conservaron de modo sutil la pasión del actor por la comedia bufa y las candilejas aprendidas en las carpas, pero liberadas de la impronta vulgar del teatro de variedades, en un esfuerzo por dotar a sus personajes de nuevas y emotivas experiencias que él logró comunicar bajo un refinado humor negro y con el impulso de su inagotable energía contagiosa, canalizada por el talento y la agudeza de su director.

En algunas de ellas Cantinflas recupera el collar de Reina, estrella cinematográfica, y sueña que se convierte en D'Artagnan y sus amigos en *Los tres mosqueteros*. Enamorado de Rosalinda, un zapatero remendón ingresa al Gran Circo Estrella como ayudante de pista. Un personaje impredecible se vincula como botones del lujoso Gran Hotel y ronda la vida de los huéspedes hasta terminar involucrado en un robo de joyas. El demonio tienta a Cantinflas como soldado del ejército y lo seduce para convertirlo en una criatura maligna. El portero de un banco junto a su compañero resultan detenidos por sospecha de asaltar a la institución y escapan de la cárcel para buscar a los culpables. Cantinflas es obligado por su jefe a trabajar de modo extenuante y a casarse con la hija de éste. Un príncipe heredero, que vive de la magia en el extranjero, debe regresar a su país oriental para que ocupe el trono, y es perseguido por quienes pretenden gobernar el reino. Un científico muere llevándose el secreto de sus experimentos para extraer gasolina del agua del mar, mientras su ayudante vive angustiado por encontrar una fórmula que conserve las rosas frescas de por vida. El barbero de un barrio se inicia en el mundo de las leyes por un anciano y termina elegido como diputado...

Los anteriores son algunos de los argumentos de las películas realizadas por Cantinflas con Miguel M. Delgado, las cuales observaron multitudes de diferentes países y culturas con ojos de incredulidad por las ocurrentes y sarcásticas representaciones que trastocaban la realidad en una visión sin trampas, generosa y subversiva, gozosa de la vida y de la condición humana ofrecida por Mario Moreno.

Coleccionista de pinturas de Diego Rivera, Paul Gauguin, Pablo Picasso, Paul Cézanne y Rufino Tamayo, Delgado consideró siempre a Cantinflas como a un actor difícil de dirigir. El equilibrio de esa relación artística entre Cantinflas y su director radicó en el amplio margen de improvisación que le ofreció Delgado en la historias y los temas que elegía Cantinflas para sus películas.

Delgado describió su vínculo con Cantinflas como una experiencia vital y estimulante, que avanzó mucho más allá de la relación laboral y estuvo inspirada en la confianza mutua y el carisma envolvente de Mario Moreno. La intimidad de esa amistad abarcó complicidades, como las de ver las primeras copias de sus películas en casa, cenas privadas compartidas con los cantantes Frank Sinatra y Pedro Vargas, y esposas que habían pactado el alegre código de honor de no asistir a las filmaciones de sus maridos.

Durante los rodajes, Cantinflas transformaba radicalmente el libreto original y Delgado reaccionaba con sutileza y comprensión dejando rodar la cámara y estimulando la libertad y el placer de improvisar que dominaba al cómico en escenas de planos largos que finalizaban en un clímax jocoso y de un humor inteligente y provocador.

Ambos eran puntillosos en lo concerniente al aprendizaje de los libretos por parte de los actores. No soportaban un guión memorizado sin rigor y cortaban las escenas en las que observaban deficiencias en el diálogo. Igualmente alentaban a los debutantes de sus películas a perder los nervios y la preocupación para que actuaran con naturalidad y confianza junto a Cantinflas.

Además del singular estilo expresivo para el espectáculo y la interpretación cómica que Cantinflas aportaba a sus filmes, también asumía la tarea de escoger a los actores e influenciar la dirección y producción de sus películas. A pesar de ese dominio sobre el engranaje general de sus producciones, Mario Moreno finalmente acataba las sugerencias de Miguel Delgado, quien contaba con intuición y un olfato alerta sobre las historias que le interesaban a la gente del común. "El público es como una esponja que absorbe todo lo que se le da. Si en un tiempo se le acostumbró a las cintas de albures y ficheras, hoy debe buscarse este propósito a través de la comedia fina. Con calidad puede recuperarse tanto al público que ha dejado de asistir a las salas como a quienes nunca se han parado en ellas", reiteraba siempre en sus declaraciones a la prensa.

Varias décadas después de su arduo trabajo cinematográfico junto a Mario Moreno, Delgado realizó señalamientos contundentes sobre el accidentado camino del cine mexicano en los años setenta y ochenta. La historia de su vida es parte de la legendaria época dorada del cine de su país y su memoria es un viaje de ida y vuelta a esas viejas películas, por las cuales nuestros abuelos estuvieron eternamente agradecidos.

Para Delgado la existencia en el pasado de grandes intérpretes, como María Félix, los hermanos Soler, Pedro Infante, Joaquín Pardavé, Dolores del Río, Gloria Marín y Pedro Armendáriz, cimentaron el prestigio internacional del cine de México. Según el legendario realizador, el cine contemporáneo de su país es deficiente porque carece de historias y de figuras. "En aquellos tiempos no existía la actual división entre el cine llamado de arte y el comercial. Se respetaba al público entregándole buenas cintas, de excelente factura, con historias sanas y amenas, muy entretenidas", comentó al diario *El Heraldo* de México en 1981.

En otra ocasión, durante una entrevista con *El Sol* de México en 1994, algunos meses antes de su muerte a la edad de noventa años, Miguel M. Delgado confesó de modo polémico que Mario Moreno había sido un genio del cine desaprovechado por la industria de Hollywood. "Lástima que los productores norteamericanos no lo hayan impulsado a las alturas que él ameritaba. Nos queda el consuelo de que alcanzó la universalidad y fue conocido y admirado en los cinco continentes. Con eso, México tuvo en Cantinflas, el mejor y más eficaz embajador".

Las diversas producciones con Delgado le mostraron al mundo la versatilidad sin límites del comediante Mario Moreno en sus papeles de ascensorista, patrullero, sastre, mago, doctor, político, embajador, fotógrafo, burócrata, peluquero, cartero, bombero, barrendero, taxista, prófugo, boxeador o el eterno Cantinflas.

Las parodias penetrantes de Moreno captaron la vida ordinaria, el carácter y las conductas del pueblo de México, quien adoptó a Cantinflas como un travieso y alegre héroe popular dotado de cinismo, rebeldía y vitalidad. Sus producciones cómicas resultaron la vida misma rodando en la pantalla para miles de espectadores de las urbes latinoamericanas en crecimiento, quienes se reconocían en esos trozos de historias equívocas enfrentadas por un personaje vividor, entusiasta de la filosofía de vivir el momento y encantadoramente oportunista.

—Se parece a nosotros —comentó mi abuelo en tono burlón y tomándome de la mano a la salida del teatro.

—Ahí estamos pintados —repuso mi madre con una sonrisa, en alusión a la película *Gran Hotel* (1944), y a las circunstancias que llevan a un socarrón y humilde botones a codearse con personajes de la alta sociedad en un hotel de lujo y aprovechar con humor e impudicia esa oportunidad.

Mi abuelo y mi madre aprovechaban las vespertinas calurosas de agosto para echarle un vistazo a las interpretaciones exuberantes y memorables de Cantinflas. Para esa aventura contaban de forma incondicional con mi disposición adolescente a devorar con los ojos abiertos en medio de la oscuridad todo lo que ocurriera en la pantalla, en la que el cómico tejía sus tramas alegres e insolentes.

Años después, el alborozo por cada filme de Mario Moreno se mantenía vivo e imperturbable. El estreno de *La vuel-*

ta *al mundo en 80 días* (1956), el ingenioso y palpitante itinerario de viaje alrededor del planeta relatado por el escritor francés Julio Verne en su novela de aventuras, adaptada al cine para Cantinflas, suscitó la curiosidad y la emoción del cultivado y exigente lector que era mi abuelo, de ver en el cine uno de sus más recordados y entrañables libros de infancia.

Yo había sido heredero de las hazañas de Passepartout junto al flemático y excéntrico Phileas Fogg a través de las lecturas que mi madre cada noche, con su voz pausada, palabras cariñosas y suspiros, me hacía de la clásica novela de aventuras escrita por Julio Verne en el siglo XIX.

En 1956 la colosal realización de *La vuelta al mundo en 80 días*, dirigida por Michael Anderson y producida por Michael Todd vinculó a Cantinflas a la máquina de sueños de Hollywood y legitimó su internacionalización definitiva en las pantallas de Estados Unidos y Europa.

El filme incluyó un reparto inusitado de estrellas del cine que abarcó a David Niven, Shirley McLaine, Robert Newton, Marlene Dietrich, John Gielgud, Buster Keaton, Charles Boyer, Luis Miguel Dominguín, Trevor Howard, Frank Sinatra, Red Skelton, Gilbert Roland, César Romero y John Carradine.

La película representó la aventura cinematográfica más ambiciosa de Michael Todd, quien era considerado uno de los más inspirados y creativos productores de Hollywood en los años cincuenta.

La vuelta al mundo en 80 días representó para Todd una de sus mayores obsesiones en su breve e intensa carrera artística llevada a cabo en la Meca del cine norteamericano —murió a los cincuenta años de edad—, como realizador de super-producciones colosales y prodigiosas.

Para la adaptación de la novela de Julio Verne al cine Michael Todd no dejó nada al azar y convirtió esa obra maestra de la literatura en una película juvenil, encantadora y convincente.

Todo ese ejercicio creativo desbordante se apoyó en el uso de un nuevo procesador fílmico conocido como Todd-Ao, que le permitió a sus realizadores filmar con una cámara que captaba en veinte milímetros —y no en 35— las distintas secuencias. El filme fue calificado como la producción más costosa en la historia de Hollywood hasta 1956 y la más taquillera en el mercado internacional para su época.

El reparto de la película realiza un trabajo encomiable, pero es Cantinflas quien se impone como una joya a través de la historia y establece un balance interpretativo genial frente al actor británico David Niven y su encantador y altanero personaje victoriano.

La historia de un caballero inglés y su mayordomo de gira por el mundo sintonizó a Mario Moreno con el público angloparlante y puso al intérprete mexicano en la ola de fervor de las películas de comedia en la Europa y los Estados Unidos de postguerra.

En 1956 *La vuelta al mundo en 80 días* obtuvo el premio Oscar a la mejor producción. Mario Moreno Reyes siempre recordó con humor las escenas que tuvo que realizar durante la filmación, que incluyeron temerosos y audaces viajes en globo.

En una de las secuencias con David Niven una grúa elevó el globo a más de treinta metros, y el actor británico, en un repentino sentimiento de pánico, le dijo a Mario Moreno:

—Cantinflas, ¿no eres miedoso?

—Yo no, ¿y tú? Porque a mí, en realidad, siempre me ha gustado experimentar cosas de peligro —respondió Cantinflas.

—Pero, ¿la canasta estará fuerte? —preguntó desconsolado Niven.

—Bueno, viejo, pos damos el "canastazo" y qué nos importa —contestó Cantinflas.

El globo se balanceó con una serie de movimientos bruscos y David Niven se aferró con fuerza al cuerpo de Mario Moreno, en un intento desesperado por protegerse del sonido sordo y crujiente de la canasta en el aire.

—¿Qué pasa? —reiteró Niven titubeando y sobresaltado.

—Nada viejo, espérate —replicó Cantinflas para tranquilizarlo. Y agregó en broma—: Tienes que ser macho, David.

—*You have to be "mucho"* —repetía Niven desconsolado sin haber entendido la alusión de valor masculino de Cantinflas, e inquieto mientras concluía la escena.

Mario Moreno siempre sintió orgullo de realizar escenas peligrosas sin dobles y de experimentar con aviones y helicópteros tomas comprometedoras para su seguridad física.

Sobre esas experiencias confesó en alguna ocasión:

En la India yo monté en avestruz; oiga, usted, yo al ver ese avestruz que parecía 'chichicuilote' grandote, dije: 'no me va a aguantar, no me va a aguantar' y ahí me tiene usted agarrado de las alas y del pescuezo, que era una cosa... ¡Pero montamos avestruz! Ahora que sí he montado yo en muchas cosas y me ha gustado, pues que no me doblen, sino sentir el peligro, la emoción. No hay como ser sensitivo, ¿no les parece?

El éxito de *La vuelta al mundo en 80 días* también le sirvió a Mario Moreno para convertirse en padrino del matrimonio de Elizabeth Taylor y Michael Todd. Después de la resonante acogida de la cinta en el mercado internacional, Moreno Reyes volcó sus talentos a la interpretación de *Pepe*, otra realización fuera de México en 1960 junto al director George Sidney, que corrió con mala suerte en los circuitos de distribución del cine norteamericano. *Pepe* reunió nuevamente un elenco destacado de estrellas que incluyó a Sammy Davis Jr., Tony Curtis, Dean Martin, Zsa Zsa Gabor, Jack Lemmon, Kim Novak, Bing Crosby, Maurice Chevalier y Judy Garland.

A pesar de ese puñado de divas y de la presencia de comediantes versátiles y famosos, la película no despertó el entusiasmo de la crítica, que la consideró poco original, estereotipada y asfixiante.

Pero el público se mantenía fiel al cómico mexicano. Con el fracaso y la impresión poco favorable de *Pepe* en el mercado angloparlante, Mario Moreno volvió a la senda de las realizaciones mexicanas, aportándoles a sus películas no sólo su capacidad histriónica, sino también su talento como guionista.

Sube y baja, El analfabeto, El extra, Entrega inmediata, El padrecito y *Su excelencia* representaron una consecutiva cadena de éxitos en la década de 1960 y vigorizaron la simpatía del público hispanohablante hacia esas nuevas producciones por la cascada de imágenes con detalles picantes, argumentos imprudentes y tramas reveladoras que ofrecían emoción, sabiduría y travesuras que estallaban en estruendosas carcajadas en sus viejos y asiduos espectadores.

Y entre la secta de fieles y puntuales asistentes a los estrenos de Cantinflas estábamos siempre nosotros, sobrecogidos y a la deriva en medio de las explosiones de risa, zapateos contra el piso y una lluvia de papeles y latas que rozaban nuestras cabezas y se estrellaban en la pantalla para celebrar el humor con el que Cantinflas atrapaba a su audiencia.

Frente a la cámara el rostro de Mario Moreno Reyes variaba de la angustia a la comicidad más disparatada. Y sus historias se nos convertían en una batalla radiante e inesperada de sucesos que ponían de presente la natural habilidad del actor para recordarnos que la risa era el consuelo más íntimo y cercano para pulverizar nuestras agonías, rencores y limitaciones en cualquiera de esas vespertinas en las que íbamos a soñar con Cantinflas.

La risa o de lo "improbable elevado a lo posible"

Sin lugar a dudas, Cantinflas simboliza el personaje más querido de los mexicanos. Y uno de los actores cinematográficos que ha despertado mayor simpatía y aceptación en los públicos hispanohablante y sajón.

A pesar de la personalidad avasallante y picaresca de su personaje en la pantalla, Mario Moreno fue un hombre reservado y vulnerable, atado a fuertes sentimientos de generosidad y altruismo con los sectores más abrumados por la pobreza en México. "Era un hombre con pocos amigos, muy solitario, pero a la vez ayudaba a todo el que podía", recordó su sobrino Eduardo Moreno Laparade.

Lejos de los flashes persistentes y cautivadores de las cámaras, así como del escenario cambiante y vertiginoso de la fama, Moreno Reyes realizó esfuerzos personales serios y escrupulosos para mantener separada su vida pública de la privada.

Su incontenible carrera artística desde las carpas a la pantalla de cine lo convirtió en una auténtica estrella en su país y en el mundo. Pero, igualmente, la celebridad y la fama no lo despojaron de su carácter jocoso y vivaz.

En lo referente a su jovialidad, sus amigos íntimos siempre destacaron su disposición para las bromas, incluso cuando hablaba en serio. Disfrutaban su presencia y elogiaban su humorismo sano y su chispa para vivir.

En un retrato íntimo de esa faceta, sus allegados siempre lo describen improvisando historias divertidas que provocaban la risa de los concurrentes. Otros actores advirtieron en la expresividad de Mario Moreno un intento cálido y sincero por encubrir una profunda timidez. "Las veces que coincidimos siempre fue un hombre muy agradable y simpático. En el fondo era una persona tímida, como somos todos los actores. Parece que pisamos muy fuerte, pero ocultamos una gran timidez; yo creo que si no la tuviéramos, no tendríamos esa sensibilidad", dijo la actriz mexicana Rosita Quintana.

Mario Moreno fue en la intimidad también un hombre reservado, cauteloso y selectivo. Le irritaban las mentiras y fue incondicional con sus amigos. Cultivó amistades memorables a las que colaboró en sus dificultades y enfrentó amargas situaciones en su círculo familiar. Una de ellas fue la muerte de su esposa Valentina el 6 de enero de 1966 en el hospital Scott and White en Temple, Texas, como resultado de un devastador cáncer en la columna que puso punto a final a una firme y armoniosa relación matrimonial de 32 años.

Su agobiante trabajo en el cine y sus múltiples compromisos sociales no mermaron su pasión por el boxeo, el fútbol, el béisbol y la dedicación a su familia. En el exigente y afectuoso ámbito de sus amigos, cultivó una merecida reputación de habilidoso y brillante jugador de billar, deporte que convirtió en su entretenimiento predilecto, junto con los toros.

Una de sus facetas públicas más conocidas fue su incansable labor por los sectores de la población mexicana más vulnerables. Su tarea filantrópica, tan eficaz como silenciosa, ocupaba parte de su tiempo, y sorprendía ver largas colas de personas frente al edificio Rioma en Ciudad de México para solicitar su ayuda. La gente pensaba que la fila era de extras para sus películas.

Mario Moreno Reyes nunca olvidó que repartió entre los necesitados de su entorno el primer salario que devengó en los inicios de su vida laboral. Su gestión altruista también involucró la creación de fundaciones y de la Casa del Actor en 1952. Igualmente, el patronato de construcción de viviendas populares en la colonia Magdalena del Distrito Federal.

Sus actividades filantrópicas tuvieron alcance internacional y en un gesto de ayuda humanitaria cedió los derechos de la película *Ama a tu prójimo* en beneficio de la Cruz Roja Internacional. Esas tareas le granjearon amistades importantes entre mandatarios de Estados Unidos como John F. Kennedy, Lyndon B. Johnson y Richard Nixon.

En 1963 las huellas de sus pies y manos quedaron grabadas en el teatro chino de Hollywood. Y la ciudad de Los Ángeles, California, lo honró declarando el 7 de octubre como el día de Cantinflas. Igualmente, la Universidad de Ann Harbor, de Michigan, le concedió un doctorado *honoris causa* como reconocimiento a su labor social y humanitaria.

La fortaleza de su mundo laboral y privado se completaba con un grupo pequeño y fiel de colaboradores, la mayoría de ellos mexicanos. Pero siempre destacó el trabajo de su guionista Carlos León, de nacionalidad española.

Don Mario, como se le conoció en el mundo de los negocios y las finanzas, siempre se mostró contrario a firmar contratos comerciales con empresas norteamericanas y manifestó una inconformidad extrema con la utilización de su imagen en campañas publicitarias que no tuvieran un propósito de colaboración social. Paradójicamente, sus películas nunca contaron con su aprobación para ser dobladas o subtituladas en inglés.

En una edición especial, la revista mexicana *Somos* destacó esa actitud de Cantinflas y dijo que el actor "siempre se definió como un buen mexicano, y ¡siempre lo demostró!".

No obstante, pocos artistas latinoamericanos han sabido llevar a la pantalla a través del humor las debilidades, los mitos y las vanidades de su país y de su época como el gran cómico mexicano Mario Moreno Reyes.

Su temperamento, una mezcla de encanto personal, agudeza, talento, y una inclinación natural para sortear obstáculos y expresar los aspectos emotivos de la vida con una franqueza y una versatilidad poco comunes, representaron la fuente de su singular visión del humor, de la risa y de la condición humana en sus innumerables comedias cinematográficas.

Cantinflas definió el oficio de actor cómico como una profesión que tiene como finalidad esencial divertir a la gente. Su arte atrajo la mirada de miles de personas porque basó su filosofía del cine en un compromiso simple y profundo, según el cual "un actor cómico es muy importante, porque tiene una misión delicada en la vida: hacerlos felices a ustedes".

Su capacidad para conectarse con el público y llevarle alborozo y alegría a través de sus películas y con expresiones en las que el comediante mezclaba palabras callejeras con vocablos cultos, representó un aspecto cautivante y sensible de su vocación de actor.

La autenticidad de su estilo para la comedia tuvo sus raíces en la cultura popular urbana de los barrios marginales de México. Sus improvisaciones humorísticas surgían como fugaces destellos de irreverencia y picardía que daban rienda a la expresión de los sentimientos que bullían en los oscuros, turbulentos y esperanzados seres que poblaban las zonas pobres de la capital mexicana.

El actor Wolf Rubinski, quien participó con Mario Moreno en las cintas *El patrullero 777*, *El señor fotógrafo*, *El señor doctor* y *Caballero a la medida,* guardó siempre una gratitud y una admiración intensa por las experiencias que compartió durante varios años con Cantinflas.

Una escena memorable para Rubinski en el papel de sacristán en la película *Caballero a la medida*, fue una en la que Cantinflas le enseñaba a boxear para reunir recursos que iban destinados a los niños marginados. Cantinflas portaba una bata en la mano y Rubisnki tenía que decirle:

—Y ¿esa bata?

—Es de una vieja del padre Feliciano —replicó Cantinflas.

—¿El padre Feliciano tiene vieja? —preguntó Rubinski.

—No sea mal pensado, es una vieja bata del padre Feliciano —aclaró Cantinflas.

Finalmente el diálogo quedó registrado en la cinta de ese modo y surgió como un espontáneo y ocurrente mal entendido de palabras durante la grabación de la escena.

El ex presidente peruano Alberto Fujimori dijo que Cantinflas sabía criticar sin amarguras y cultivar un humor sin acidez. Gabriel García Márquez declaró en una oportunidad: "Gocé como nadie las películas de Cantinflas".

El guerrillero argentino Ernesto *Che* Guevara y el actual presidente de Cuba, Fidel Castro, se contagiaron del espíritu festivo de los filmes de Mario Moreno durante su estadía en Ciudad de México entre junio de 1955 y noviembre de 1956, cuando organizaban los preparativos para el posterior desembarco en Cuba del *Gramma,* que dio inicio a su aventura revolucionaria en la isla.

El secreto del deleite de los espectadores fue reconocerse en los sentimientos del personaje vagabundo que lucía una vestimenta particular, que Cantinflas universalizó con sus parodias en la pantalla. "El pueblo mexicano en aquel tiempo usaba esa vestimenta. Yo la teatralicé y la llevé a escena. Un poquito más exagerada de lo que era, pero más o menos así era el peladito. En realidad Cantinflas no es la vestimenta, es lo que trae adentro, en el interior. Cantinflas es parte del público y de un sector del pueblo", afirmó el comediante en una entrevista con la investigadora mexicana Guillermina Basurto.

Los grandes cómicos del cine siempre eligieron a personajes populares y marginados, dotados de compasión humana y crítica social, para observar las dificultades absurdas y ordinarias en las que viven los seres humanos en sociedades complejas e injustas.

El "peladito" encarnado por Mario Moreno representó un modo astuto y socarrón de ver la vida frente a los zarpazos y estrecheces de la supervivencia urbana. Moreno Reyes consideró a su héroe cinematográfico como una creación que nació y se nutrió de la cultura popular de México. "La primera lección de Cantinflas es de humildad y la segunda es no olvidar nuestras raíces", sostuvo Guadalupe Elizalde, autora del libro *Mario Moreno y Cantinflas rompen el silencio*. La escritora mexicana agregó además, en declaraciones para el diario *El Heraldo* de México en 1997, que Cantinflas tomó su raíz más viva e íntima para "dejarla desnuda y engrandecerla ante el mundo".

Identificado con los mexicanos pobres y reconocido como el cronista social de las desigualdades de su país, Cantinflas se convirtió en un filósofo popular que arrancó sonrisas a multitudes de latinoamericanos que lo encumbraron como una especie de vocero de sus necesidades y vivencias.

A ellos Cantinflas les ofreció el antídoto liberador de la risa, a la cual consideró "como lo improbable elevado a lo posible". Es decir, como una esperanza, según Mario Moreno, que tiene la habilidad necesaria para desintegrar por completo los convencionalismos, "dejando atrás rituales inútiles y falsos valores".

Cantinflas escribió que una de las tareas más difíciles de la vida es comunicarse con otras personas. Y que cada uno de nosotros cuenta con un lenguaje particular que puede expresarse en varias manifestaciones de risa. "Tenemos la risa franca y abierta, tenemos la risa burlona, la risa ahogada, la mueca que sólo se queda casi en una caricatura de lo que es la risa; y la risa falsa. Yo las conozco todas, a través de un amigo mío muy cercano, inseparable. Su nombre es Cantinflas", anotó el humorista.

A través de su vida Mario Moreno Reyes también desvirtuó a quienes generosamente lo compararon con el cómico británico Charles Chaplin. Reconocido también como el Charlot latinoamericano, Cantinflas expresó muchas veces su admiración por el actor nacido en los suburbios de Walworth, Londres, en 1889, y su deseo jamás realizado de haber actuado juntos en un filme.

Cuando ambos actores se conocieron en Suiza, en 1964, el comediante inglés le comentó: "Somos los más grandes", y Cantinflas le replicó: "Exageradón, pero cierto".

Chaplin, quien debutó en los teatros del *music hall* a la edad de cinco años y posteriormente fue señalado como uno de los más destacados genios del cine clásico mudo, expresó que Cantinflas fue "el más grande comediante del mundo y no ha nacido otro comediante igual".

Cantinflas consideró que, en oposición a Chaplin, su humor tuvo características distintas a las del genio inglés. "Chaplin era un pesimista, Cantinflas es un optimista. No se puede perder la fe en la vida y en los hombres, en que habrá remedio para este mundo. Si perdemos las esperanzas estamos muertos. Si los hombres ponemos algo de nosotros, podemos componer el mundo", advirtió en una oportunidad Mario Moreno.

En la imaginación de Cantinflas, el mundo sarcástico de Chaplin derivó en una desesperación implacable y angustiosa. "Fue un genio de cine mudo y supo aprovechar magistralmente sus recursos. Pero nunca fue lo mismo en el cine hablado. Ni en uno ni en otro supo superar el pesimismo", concluyó el artista mexicano.

La vida de Cantinflas y su perspectiva idealista del humor hicieron parte de sus obsesiones personales y artísticas, así como su fascinación personal por haber intentado hacer mejor el mundo que lo rodeó. "Proporcioné alegría al mundo y el mundo me ha correspondido con su risa y con su afecto", dijo antes de morir.

Cantinflas: un bufón en la lengua de Cervantes

Los bufones son, por naturaleza, insolentes y lujuriosos. Su carisma envolvente es una deliciosa trampa para poner a prueba los límites del poder, el prestigio y las jerarquías.

Cantinflas manoseó el milenario carruaje de la lengua española con sus expresiones graciosas e indescifrables, dejando sobre la lámina flexible y extensa del idioma de Miguel de Cervantes Saavedra una nueva y áspera capa de pintura reconocida como "cantinflismo" o "cantinflear".

El verbo hace alusión a la sobredosis de palabras, jergas, giros y dichos que de manera caótica y encantadora Cantinflas soltaba en sus películas frente a su interlocutor para no decir nada y decirlo todo, en una suerte de orador estrafalario, juguetón y lenguaraz.

La docilidad del idioma español, su atracción para asimilar los sonidos más extravagantes, su vertiginoso y delicado ritmo musical le ofrecieron a Cantinflas una suerte de isla sonora para improvisar su comedia lingüística y orientar su artillería expresiva contra los poderosos, los oportunistas, los demagogos y devolverle las palabras a los desencantados y atribulados ciudadanos de su país y de América Latina.

El nombre artístico de Mario Moreno y sus derivados como *cantinflear*, *cantinflesco* y *cantinflada* fueron integrados al torrente de nuevos vocablos de la lengua de Castilla y ahora gozan de una vida plácida en el espacio inmaculado y seguro del *Diccionario de la lengua española* de la Real Academia Española.

Las expresiones populares como el verbo *cantinflear*, el adjetivo *cantinflesco* y el sustantivo *cantinflas* cumplieron el papel de minar con la fuerza del disparate, la burla, la incongruencia verbal y la frase rápida y contundente los privilegios sociales y la politiquería nacional. "Lo suyo es el reino de los diálogos gratuitos y la impudicia que es la única variante de la impunidad al alcance de los pobres", indicó el escritor Carlos Monsiváis.

Su personaje del "peladito", una criatura social de los años treinta, desposeída de dinero, de clase e incluso de atractivos personales, sólo cuenta con un lenguaje ambiguo que Cantinflas se encarga de saquear y de transformar hasta el delirio de la sinrazón y el absurdo.

Según algunos críticos, Cantinflas se caracterizó por una comicidad verbal más que de gestos. Lo consideraron demasiado estático y con una escasa relación con los objetos, que representan la movilidad del escenario cinematográfico. Cantinflas puede pasar casi por entero a través de la radio. "Es verdad que la composición física de su personaje, desde el gesto a la indumentaria, contribuye poderosamente a crear el personaje. Pero el modo de manifestarse cómicamente de esta figura es más teatral que cinematográfico", señaló el periodista mexicano.

La resonancia social del cantinflismo radicó, según otros observadores, en ampliar las posibilidades de crítica política en un país que vivió durante más de sesenta años bajo la hegemonía gubernamental del Partido Revolucionario Institucional, PRI.

Si para el novelista Carlos Fuentes, Cantinflas fue uno de los creadores del discurso político mexicano, para la escritora Guadalupe Elizalde el lenguaje del comediante es innovador, porque "en su época no había apertura política y Cantinflas y otros artistas de teatro fueron creando el espacio para la libre expresión de la que gozamos ahora los comunicadores".

Cantinflas, un irresistible Robin Hood de la lengua popular, adoptó el habla lumpen del proletariado urbano en el que se expresaban los hombres de origen campesino que fueron arrastrados a la naciente y pujante sociedad industrial mexicana de los años treinta y cuarenta, para imputarle de modo virulento y cáustico los vicios, la corrupción y la hipocresía de los jueces, militares, banqueros, diputados y burócratas que conformaban la fauna social y política de su época.

El cantinflismo tuvo sus adeptos y detractores en México y América Latina. Algunos críticos, por ejemplo, consideraron que Mario Moreno se distanció de su personaje original, "el peladito" mexicano, en las películas realizadas a finales de la década de los cincuenta y principios de los sesenta. Ello le valió señalamientos fuertes por parte de la prensa al considerar que sus filmes no ofrecían la fuerza social y humana de las primeras realizaciones como *Águila o sol*, *Así es mi tierra* o *Ahí está el detalle*.

El desencanto sobre las últimas creaciones de Mario Moreno provocó declaraciones destempladas y agrias sobre el cantinflismo en el continente. El periodista mexicano Fernando Abad Domínguez señaló en el periódico *unomásuno* que "Todas las risas que Cantinflas nos arranca, todas las felicidades que nos procura su seducción inteligente, toda la magia de su primera época, se convierten en mueca desencantada cuando lo escuchamos demagogo, gobiernero, moralista y negociante de taquilla. Cantinflas gigante, delicioso del humor irreverente, murió sepultado en la estupidez de su propia claudicación".

Jorge Ayala Blanco, crítico mexicano de cine, destacó que recordaba con afecto las películas de los años cuarenta como *El mago* y *El siete machos*, que muestran un Cantinflas socialmente provocador y sátiro. "El problema con Cantinflas es su megalomanía y su egocentrismo. El querer proyectar una imagen benefactora de la humanidad, eso se lo fue comiendo poco a poco", confesó Ayala Blanco a la investigadora Guillermina Basurto.

El 25 de abril de 1993 en la sección "Panorama" del periódico *El Tiempo*, de Bogotá, en un homenaje póstumo al cómico mexicano, el columnista y poeta nadaísta Eduardo Escobar afirmó que "mi recuerdo de Cantinflas es un recuerdo triste. Me acuerdo de las primeras películas que le vimos, en esos teatros de barrio desaliñados, fríos y llenos del olor amoniacal de los inodoros. Y apagaban la luz. Y tronaban los confusos altoparlantes. Y yo no sabía por qué me daba tanta lástima el hombrecito, atareado, cándido y humilde".

El poeta colombiano Álvaro Mutis sostuvo en la misma edición: "Nunca he creído que Cantinflas haya sido un gran actor, ni un cómico notable y mucho menos el representante de un tipo popular mexicano. En sus primeras películas tuvo momentos de mimo realmente notables y logros improvisados de partes de diálogo, que luego llegaron a convertirse en lo que se llamó 'el cantinflismo' que es un mal endémico en toda América Latina. Hace muchas décadas que Cantinflas no me hace reír".

Mario Moreno se defendió muchas veces de sus oponentes, puntualizando que su personaje ha permanecido fiel a la cultura popular de la que surgió. "Pero recuerde que Cantinflas es un ejemplo a seguir. Por supuesto que a algunos críticos les gustaría que mi personaje continuara siendo pobre, fracasado, que mis películas continuaran filmándose en blanco y negro y con escenarios raquíticos. Entonces dirían que el mío es un cine de protesta. ¡Pues no estoy de acuerdo!".

Julián Marías, filósofo y miembro de la Real Academia Española, le dijo a la revista mexicana *Proceso*, en su edición del 26 de abril de 1993, que el aporte de Cantinflas a las letras españolas radica en "la infinita capacidad para hablar sin decir nada inteligible, hasta el punto de haber creado una mítica forma de uso del lenguaje. Cantinflas decía lo que quería decir, con una casi total eliminación del elemento significativo. La expresión era lo predominante, y, por supuesto, la manera de dirigirse al interlocutor".

NOCHE DE RONDA

El éxito artístico y económico a los veinticinco años de edad precipitó a Mario Moreno Reyes a una vida lujosa inesperada. Igualmente la fama y su prestigio social crecieron de modo vertiginoso, hasta colocarlo en los círculos exclusivos del *jet set* y el poder político de su país y Estados Unidos.

A medida que sus películas se proyectaban en las pantallas de cine en América Latina y Estados Unidos, Mario Moreno vio acrecentar su riqueza personal, la cual con el paso del tiempo llegó a considerarse incalculable.

Mario Moreno Reyes, que siempre se consideró a sí mismo un hombre habituado a pelear con la vida para sobrevivir, nunca dejó de sorprenderse de haber conquistado un lugar en el mundo a base de un furioso deseo de escapar de la pobreza y de un sentimiento compulsivo de triunfar en el escenario idílico y errante del teatro de variedades.

Pobre y anónimo, Moreno Reyes encontró en Ciudad de México en los años treinta a Valentina Ivanova, actriz y bailarina rusa, con quien contrajo matrimonio y compartió los días de pobreza hasta los tiempos de vino y rosas marcados por la popularidad, los reconocimientos mundiales y la opulencia.

En la década de los cincuenta el dinero le permitió a la pareja de artistas contar por primera vez con una mansión construida sobre un lote de 10 mil metros cuadrados, que se levantaba imponente y singular sobre el exclusivo y lujoso paraje de las Lomas de Chapultepec en Ciudad de México. Miguel Ángel Morales, biógrafo del actor, comenta en el volumen III del libro *Cantinflas, amo de las carpas*, que la residencia representaba la suma de los sueños de un hombre convertido en artista, productor y ganadero millonario:

> La impresionante casa contaba con lo que todo rico debe tener: biblioteca repleta de tomos forrados en piel, sala de armas con una interesante colección de escopetas, rifles y pistolas, un sótano habilitado como sala de proyección para 35 personas arrellanadas en mullidas butacas, preseas y reconocimientos por doquier, retratos al óleo de su madre, de Valentina y de él mismo realizados por pintores famosos entre la clase alta, un cuadro original de El Greco y piezas chinas de cristal.

Al escenario de lujo descrito por Morales es necesario incluir el avión privado del comediante, un bimotor con turbohélice 404, denominado el 777, y un Mercedes Benz con placas también 777.

A pesar del bienestar y la fortuna acumuladas por Mario Moreno Reyes, la pareja se vio en la necesidad de adoptar a un niño con el interés de completar su felicidad conyugal. El niño fue bautizado en 1960 con el nombre de Mario Arturo y colmó de felicidad al matrimonio.

Miguel Ángel Morales cuenta que Mario Arturo, al crecer, un día descubrió la imagen de su padre en la pantalla de cine de la casa y el actor quedó a la expectativa de la reacción del niño, el cual finalmente le dijo a su mamá Valentina: "Dile a mi papá que se baje ya, para que me lleve a comprar un helado".

La muerte de Valentina, en 1966, víctima de un cáncer en la columna, despojó a Mario Moreno de los sentimientos de idilio y seguridad, construidos paciente y amorosamente con el amor de su vida.

El último encuentro con Valentina en el Hospital Scott and White Memorial de Temple, de Texas, fue una balada triste que Moreno Reyes evocó de modo conmovedor:

> Cuando vi el cadáver no pude resistir el pensamiento de que mi compañera se encontraba sólo dormida. Su belleza física era aún más tranquila, liberada ya de los dolores de esa enfermedad que se la llevó a la tumba. Cuando abrí la caja, antes de salir rumbo a México, pedí a mi sobrino Lalito que le diera un beso. ¡Estaba hermosa mi rusa!

La melancolía ensombreció la vida de Mario Moreno Reyes por la pérdida de la mujer que él siempre consideró como su pareja ideal, a la que calificaba siempre de culta, inteligente, dotada de cualidades. De Valentina siempre pensó que "difícilmente otra mujer llenaría el hueco que ella dejó en mi vida".

La pérdida de su esposa y la soledad impulsaron a Mario Moreno a concentrarse en una serie de proyectos cinematográficos, entre los que destacan la producción hispano-mexicana *Don Quijote cabalga de nuevo* (1972), dirigida por Roberto Gavaldón y calificada por Cantinflas como una cinta que buscó unir el humanismo clásico con las vicisitudes del mundo moderno.

No obstante su pesadumbre, Mario Moreno conservó una serie de relaciones de amistad con actrices que la prensa sensacionalista explotó como verdaderas y apasionadas historias de amor.

Uno de esos rumores tuvo como protagonista a la actriz española Irán Eory, a quien los tabloides del corazón calificaron como "la mujer que rechazó a Cantinflas". En efecto, Mario Moreno mantuvo una relación cercana con la diva española y la cortejó con un interés inusitado, al punto de proponerle matrimonio. Oferta que la bailarina y actriz rechazó por su carrera artística.

Mario Moreno calificó las versiones periodísticas de su vínculo con Eory como resultado de la "imaginación sin límites" de algunos reporteros. Después de la muerte del cómico la estrella española confesó conmovida que "en estos momentos me doy cuenta que debí haber aceptado el compartir mi vida en matrimonio con Mario, pero desafortunadamente por esos años mi amor por la actuación y el baile fueron mayores a la relación estable que en ese momento me ofrecía".

La prensa cumplió su papel de intrusa agresiva y arbitraria en la intimidad de las celebridades con el despliegue a grandes titulares de la derrota de Mario Moreno en los tribunales de Houston por parte de Joyce Jett, la esposa clandestina de Cantinflas desde 1968, a la que obligó a mantener en secreto durante veintidós años su relación.

La historia tormentosa de Cantinflas con Joyce se inició en Ciudad de México a finales de la década de los sesenta, y concluyó en Houston en 1990, cuando un tribunal de familia del estado de Texas obligó a Moreno a cancelar a Joyce Jett la suma de 5 millones de dólares, propiedades y vehículos como indemnización por veintidós años de relación marital.

Los primeros encuentros entre Joyce y Mario Moreno son descritos por la texana como cenas en restaurante lujosos de Houston en los que se escuchaba la música de *La vuelta al mundo en 80 días* y "cuando bailamos recuerdo que todo el mundo nos hizo rueda y dije 'Dios mío, ¿quién es este hombre?'. Él era elegante y atractivo, y así fue como empezó este romance", le confesó Joyce al periodista Carlos Puig de la revista *Proceso*.

La batalla legal entre Mario Moreno y Joyce Jett finalizó en un campo minado de recriminaciones amargas y confesiones públicas destempladas sobre la intimidad de ambos personajes.

La mujer calificó a Mario Moreno de déspota, manipulador, prepotente, machista y fanfarrón. En declaraciones para *Proceso* en 1990, Joyce, de cincuenta y cuatro años y madre de tres hijos, dijo que le dolía la situación desagradable creada por la disputa legal y que "a nadie le gusta que sus ídolos se derrumben, pero como dice la Biblia, 'qué puede ganar un hombre cuando conquista el mundo y pierde su alma' ".

El fallo a favor de Joyce Jett se fundamentó en el reconocimiento por parte del estado de Texas del matrimonio común, de hecho, y no ceremonial. Este tipo de legislación tiene vigencia en Estados Unidos y en algunos países de América Latina. La norma reconoce tres elementos para establecer la vigencia de una relación conyugal informal: un acuerdo o intención de ser esposa, cohabitación y exhibición pública de la pareja.

Circunstancias que en el caso de Mario Moreno y Joyce Jett se cumplieron puntualmente durante una prolongada y apasionada relación vivida entre México y Estados Unidos. "Al principio su explicación fue que él era un profesional, un actor, tenía muchos admiradores y no quería decir a mucha gente que estábamos juntos. Yo acepté ese pacto, que me ponía un poco a la sombra, porque lo amaba y porque es exactamente el tipo de relación que tienen las estrellas".

El juicio legal de Joyce Jett contra Mario Moreno puso en evidencia el amplio catálogo de propiedades del actor, pues el juez Web de Texas debió inventariarlas para definir el monto de la indemnización a su esposa secreta. La lista incluyó la colección de arte de Moreno —que abarcaba obras originales de Diego Rivera y Picasso, entre otros—, un apartamento en Cancún, un hotel en Guanajuato, una colección de monedas de oro, los animales y el ganado de sus propiedades agrícolas, así como los derechos de sus películas.

Joyce Jett concluyó su abierta y áspera entrevista con la revista *Proceso* admitiendo que amaba a Mario Moreno y que él sabía que

Yo soy su esposa, que soy, como me lo dijo muchas veces, la única mujer que Valentina hubiera aceptado que viviera con él. La mayor parte de las veces era dulce y cariñoso conmigo, otras se le salía lo macho, lo dios. Yo creo que personas como él sólo son capaces de tener una relación de amor consigo mismos. Es un hombre de muchas personalidades. Está entrenado para hacer llorar o reír a la gente con facilidad. Y la gente siempre le cree. Todos quieren creerle porque es Cantinflas, el personaje que nos hacía reír.

La mitología de Cantinflas en torno a sus relaciones con el discreto encanto del sexo femenino no incluye, por fuerza, solamente episodios angustiosos y amargos como el experimentado con Joyce Jett. También abarca galanteos sutiles y cautivantes hacia las actrices mexicanas, puertorriqueñas, brasileñas y norteamericanas que invitó a trabajar en sus películas.

Los personajes femeninos de sus filmes eran mujeres humildes y transparentes. Las rodeaba de atenciones y las apodaba "changuitas", una expresión popular de la época. La galería de rostros femeninos que sobresalieron como protagonistas en las cintas de Mario Moreno Reyes es atractiva y diversa.

Entre ellas se destacan los roles de las actrices Beatriz Saavedra, Elvia Saucedo, la argentina Gloria Lynch, la sensual puertorriqueña Mapy Cortés, Susana Cora o Alma Rosa Aguirre. Todas ellas realizaron papeles estelares en *Abajo el telón, Ni sangre ni arena, El circo* y *El gendarme desconocido*, consecutivamente.

Igualmente las enamoradas de Cantinflas en las películas van desde el idilio irreprimible por la empleada doméstica de *Ahí está el detalle,* interpretada por Dolores Camarillo, hasta la encantadora persecución a ritmo de chachachá a la hija de un banquero en *Sube y baja* (1958), con la actuación de Tere Velázquez.

El aspecto más interesante de las relaciones de Mario Moreno con las actrices radicó en la exigencia de debutar con el cómico sólo en una película. Lo que representó para muchas de ellas su ingreso triunfante en el cine.

Su interés se mantuvo siempre hacia las nuevas y sensuales divas que surgían en la expansión de la industria del cine en México durante las cinco primeras décadas del siglo xx.

Un milagro que no se cumplió en el cine mexicano fue el de reunir para una película a los tres artistas más importantes de cine de ese país en el siglo pasado: María Félix, Dolores del Río y Mario Moreno Reyes. ¿La razón? Una sólida y cultivada antipatía alimentada por prejuicios personales hizo imposible la hazaña.

El muro de la enemistad entre los mitos del cine mexicano fue derribado por la revista *Life* en 1965, con una histórica foto del periodista Rafael Delgado Lozano, quien llevó a cabo una ardua y compleja negociación para acercar a las dos divas y al cómico.

Delgado, quien realizó una intensa sesión de fotografías con las estrellas mexicanas, comentó a la revista *Proceso* en su edición de abril de 1996: "Les tomamos las fotos de pie, sentados, caminando, riendo, jugando, en fin, hicieron todo lo que les pedimos. En las primeras fotos, por precaución, siempre pusimos a María y a Cantinflas separados".

Los tres gigantes de la época clásica del cine mexicano nunca en la vida volvieron a juntarse.

Abajo el telón

Decenas de miles de personas esperaban bajo el sol a que la marcha fúnebre llegara hasta el Panteón Español. En ese lugar, situado al norte de Ciudad de México, fue cremado el cuerpo de Mario Moreno Reyes, Cantinflas. Durante los días anteriores todo había sido confusión y duelo para la familia Moreno.

La multitud arrojaba a la carroza flores rojas y blancas, en un gesto de despedida en el que se mezclaban lágrimas y tristeza, nostalgia y gratitud. Ese 21 de abril de 1993 fue el único día que el cómico mexicano hizo llorar a la gente. Era el último ídolo popular mexicano que el pueblo despedía con fervor e idolatría.

El 20 de abril de 1993, a sus ochenta y dos años, había batallado por última vez con la muerte. Mario Moreno Reyes estaba más enfermo de lo que confesaba a parientes y amigos. En varias declaraciones a la prensa había dicho "que no se trataba de nada grave"... A las 9:38 p. m. de ese día, recluido en su casa de Lomas de Vista Hermosa, localizada en un bello y ondulado paraje de Ciudad de México, un cáncer pulmonar puso fin a su vida.

En días previos a su muerte el estado de salud del artista se había deteriorado a extremos. Hacía un mes había regresado de Houston, Texas, donde los médicos le diagnosticaron un cáncer avanzado y devastador. La familia mantuvo en secreto esta información por solicitud de Mario Moreno y respeto a su intimidad. "Siempre quiso mantener separada su actividad artística pública de la privada", expresó abatido su hijo Mario Moreno Ivanova a la prensa.

La noticia dio la vuelta al mundo en cuestión de minutos. A las 10:00 p. m. de ese mismo día la radio y la televisión de México suspendieron su programación habitual para divulgar la triste información: "Hace unos minutos dejó de existir Cantinflas", dijo una voz lacónica en el Canal 13.

La emisión del noticiero de ese día había cerrado con el triste saldo de 87 muertos de la secta davidiana liderada por David Koresh —quien se había nombrado profeta y redentor religioso—, que perecieron entre las llamas y el humo en una incursión policial del FBI en Waco, Texas. En el rancho Monte Carmelo sus ocupantes, entre ellos diecisiete niños, padecieron un final horrible como consecuencia del operativo armado de las autoridades federales de Estados Unidos.

Millones de espectadores en el mundo entero que alguna vez disfrutaron las películas de Cantinflas en la penumbra de las salas de cine, por el divertido tropel de palabras y ademanes que expresaban sus personajes de embolador, cartero, ladrón o policía en varios de sus filmes, quedaron sorprendidos al escuchar la noticia y sintieron desmoronarse la sólida y divertida esperanza que los mantenía aferrados a ver una nueva cinta del humorista mexicano.

La funeraria Gayoso, al sur del Distrito Federal, bullía de dolientes. Los restos mortales del actor fueron trasladados a esa agencia y cientos de admiradores se dirigieron allí para ofrecerle un último adiós. Un hervidero de curiosos, simpatizantes del cómico y amigos de la familia Moreno atiborraron las salas A y B del recinto. Afuera, en la calle Félix Cuevas, la multitud se apretujaba y hacía esfuerzos por alcanzar la puerta y penetrar a la edificación.

Varios personajes del arte, la política y la industria del cine arribaron a la funeraria para expresar sus condolencias a la familia Moreno. Los rostros dejaban traslucir un profundo y sincero desconsuelo. Varias personas lloraban sin recato. A pesar de la agitación y de la dificultades para abrirse paso entre la muchedumbre, en cada uno de los asistentes se percibía algo más profundo que un simple gesto de gratitud por asistir a las exequias de su ídolo.

Si Cantinflas hubiese estado observando su propio funeral habría visto escenas tristes y divertidas durante los tres días de duelo que le tributó el pueblo mexicano. Algunas de ellas lo hubieran conmovido y otras provocarían sus indiscretas y explosivas carcajadas, recordándole las inolvidables travesuras de su filmografía.

Frente a sus ojos desfilaría la pintoresca parentela de "cantinfleros", encarnada en niños y adultos con los pantalones caídos, las camisillas ajadas, las chaquetas raídas y los bigotes cortos que escuchaban con asombro los gritos de una turba rugiente que exclamaba "¡Cantinflas, Cantinflas... Adiós chato!".

Consignas, canciones y frases de Cantinflas lanzadas por la multitud de forma estrepitosa y espontánea resonaban al paso del cortejo. Algunos rostros reflejaban sufrimiento e impotencia. "Ahí está el detalle. Hemos venido a llorar por alguien que siempre nos hizo reír. Su muerte la siento como la de mi propio padre y qué lástima que no haya llegado a ser presidente, porque él sí recogía el auténtico cariño del pueblo", dijo consternado don Inocencio García, de profesión taxista.

La salida del féretro hacia el Palacio de Bellas Artes estuvo acompañada por una lluvia copiosa. Un público impulsivo y frenético impedía el avance de la marcha fúnebre. Una serie de relámpagos sucesivos iluminaron por instantes el cielo habitualmente gris de Ciudad de México.

Una sólida muralla de policías y patrulleros se iba deshaciendo ante el empuje de acompañantes, familiares, agentes de seguridad y amigos que buscaban acomodarse al paso de la marcha. También un nutrido grupo de curiosos aprovechaban ese momento para observar de cerca a sus artistas favoritos del cine y la televisión.

El estridente ulular de las sirenas, el rumor sordo de los radios de comunicación de las patrullas de policía, la explosión de los tubos de las motos que intentaban organizar el tránsito y el ruido de un helicóptero que sobrevolaba el área convertían el cortejo, por instantes, en una ceremonia a la deriva y exaltada.

La policía metropolitana hacía esfuerzos inútiles para imponer el orden a golpes de macana, tratando de abrirle un estrecho corredor a la carroza que portaba el ataúd del cómico. El actor Julio Alemán, amigo cercano de la familia Moreno, con un semblante rígido y desencajado, escupía sobre la multitud gritos de "¡abran paso!" e intentaba no sucumbir a la agitada marea humana extendiendo sus brazos y remando entre ella a punta de empujones y jalones de camisa.

En medio de la confusión, la histeria y los apretones, Julio Alemán, Mario Moreno Ivanova —hijo adoptivo de Cantinflas— y un hombre corpulento y barbudo que surgió entre la turba extrajeron el féretro del vehículo y avanzaron hacia el Palacio de Bellas Artes, la imponente y lujosa edificación porfirista situada en el centro histórico de la capital mexicana.

"¡Ábrete paso aunque sea a garrotazos!", expresó con actitud desafiante y determinación el individuo fornido. "¡A garrotazos! ¡Quítalos a garrotazos!", vociferó de nuevo con mirada feroz e intransigente sobre la ola humana que le cerraba el paso.

La lluvia arreció y el pueblo, poseído en una suerte de trance místico, oscilaba emocionalmente del llanto a los aplausos, de la agonía a la más feliz y desbordada despedida. Los empujones y las peleas entre la masa y la policía se mezclaban entre el parpadeante destello de los flashes de las cámaras fotográficas y el profuso horizonte de pancartas con mensajes de adiós al "filósofo de la risa".

Un silencio profundo invadió los pasillos del Palacio cuando el hijo de Cantinflas, con un rictus de desesperación y dolor en sus rostro, entonó junto a sus familiares y la orquesta de Bellas Artes, la legendaria canción mexicana *Las golondrinas*.

Una anciana conmovida y con lágrimas en los ojos se acercó a Mario Moreno Ivanova y le dijo al oído que ella era vidente.

Él se inclinó un poco más sobre ella y le ofreció un abrazo fuerte y cálido. En voz baja y con las palabras entrecortadas por la emoción la mujer le confesó: "Le juro que soy vidente y en mis sueños vi fallecer a su padre". Mario la abrazó de nuevo y la despidió con un palmada afectuosa en el hombro.

Palillo, Resortes, Clavillazo, Medel, Amparo Arozamena, y Silvia Pinal, sus viejos e incondicionales amigos en la vida y el cine, observaban consternados el rumor de los gritos, el llanto y el murmullo de las oraciones que surgían de una masa doliente y fervorosa.

La noche se precipitó sobre las calles húmedas y grises. Un grupo de payasos ambulantes y de ojos tristes imitaba a Cantinflas, tratando de matizar con humor el día lúgubre y fatigoso de un funeral inesperado. El cuerpo del humorista permaneció en velación en el palacio hasta el jueves 22 de abril.

Para el día siguiente se fijó la ceremonia de cremación en el Panteón Español. En su último recorrido, el funeral avanzaba lentamente, como en una vieja película en blanco y negro. Las calles que convergían al Palacio de Bellas Artes, en especial la Alameda Central, albergaban una inquieta y nutrida aglomeración de admiradores que agitaban pañuelos blancos en despedida al cómico más grande de América.

Vista desde arriba la muchedumbre semejaba una gigantesca serpiente que se deslizaba de modo zigzagueante sobre el asfalto. Centenares de periodistas, fotógrafos y reporteros de televisión se precipitaban sobre el gentío de modo abrupto, aumentando la atmósfera de tensión de la caravana. Va-

rios miembros de la patrulla de motorizados 777 encabeza-
ban la procesión, en alusión al personaje de patrullero interpretado por Mario Moreno Reyes.

Los gritos y aplausos de una multitud bulliciosa hacían
pensar por instantes en la imposibilidad de ofrecerle una se-
pultura solemne y apacible a las cenizas de Mario Moreno.
De nuevo a golpes y empujones los seguidores de Cantinflas
buscaron colarse al Panteón y asegurarse un lugar en las puertas del crematorio.

El ataúd ingresó al Panteón Español casi en hombros. Una
avalancha de gente corría desaforada y desbordaba los cor-
dones de seguridad impuestos por el cuerpo de bomberos y la
policía. Algunos se trepaban por las paredes y coronaban con
la habilidad de "hombres araña" los techos de imponentes y
suntuosos panteones.

Otros escalaron árboles y monumentos para obtener una
visión privilegiada de la ceremonia de cremación. Cercano a
unas criptas un grupo de mujeres y hombres maduros ento-
naban con nostalgia y emoción famosas rancheras como
México lindo y querido, Volver, volver y Amor eterno. Las
voces se fueron extendiendo hasta alcanzar un coro colectivo que inauguró una fiesta ruidosa y provocadora entre las
tumbas.

Las cruces situadas encima de las capillas amenazaban
con precipitarse a tierra. El peso de la gente recostada sobre
ellas provocó el desprendimiento de su base y las autoridades
alertaron a los desprevenidos para que se protegieran del golpe con los pedazos que saltaban hacia abajo.

Un enorme muñeco con la figura de Cantinflas se asomó entre la muchedumbre. Conquistó la mirada de todos y como si se tratara de una insumisa y feliz horda de *hooligans* se escuchó una breve y rotunda consigna: "Se ve... se siente... ¡Cantinflas está presente!".

El sol sofocante exacerbaba el ambiente, y el calor hacía trizas la piel y cualquier compostura que invitara al sentido común. El dolor y la admiración constituían el alma de la multitud y ella vagaba desatada en un esfuerzo por derrotar la muerte y evocar a uno de sus ídolos en la vida y el cine.

Dentro de los límites del Panteón Español el pueblo mexicano improvisaba la gran ópera rock del cantinflismo. Una suerte de religión laica en la que se mezclaban un legendario humor negro, una sabiduría que convirtió a Cantinflas en objeto de adoración popular y unas complicidades que sólo otorga el ejercicio promiscuo y estimulante de la idolatría adquirida a través de las pantallas de cine.

Ahí estaba su pueblo, rugiente y dolido, gritando a pleno pulmón en medio de una ceremonia fúnebre: "Dame una c... Dame una a... Dame una n... Dame una t... Dame una i... qué dice, ¡Cantinflas!... ra ra ra...!".

No es difícil imaginar que alguna vez en la vida, cada uno de los *fans* que se encontraban allí fijó su mirada atenta y prolongada de fascinación en la pantalla. Todos ellos debieron sentir en cualquiera de esas citas en la penumbra de los teatros, que Cantinflas era mucho más que un simple cómico. El hombre menudo y rebosante de vitalidad, vestido de pantalones descaderados, que entregaría su cuerpo al fuego dentro de unos minutos, debió cambiar aunque fuera por instantes la vida feliz o sombría de algunos entre el medio millón de hombres y mujeres que participaron en el homenaje póstumo del comediante.

Ese último día, como tituló el periódico *Noticias*, de España, "La risa se rompió en llanto". Era la 1:30 p.m. y el calor aumentó. La espera era prolongada y fatigosa. Pero nadie se movió del lugar que había conquistado a codazo limpio. Mario Moreno Ivanova apareció de repente, exhibiendo con las manos en alto un pequeño cofre que contenía las cenizas de su padre.

El ánimo de los asistentes volvió a encenderse. Persiguieron de modo infructuoso a Moreno Ivanova hasta la cripta en donde se depositarían los restos del artista. La policía los detuvo y les exigió compostura. La colocación de las cenizas del cómico junto a las de su esposa, Valentina Ivanova, era una ceremonia íntima y familiar.

Las cenizas de Mario Moreno fueron depositadas en una urna. En la placa se lee: Mario Alfonso Moreno Reyes (1911-1993). "Se nos fue", dijo una señora que lloraba intensamente en medio de la multitud que comenzaba a abandonar el recinto. "Estaré aquí hasta el final. Uno llega a la vida para algo... es un largo y duro camino. El vino para hacernos reír", remató con un gesto de consuelo.

Las masas evacuaron el Panteón como si fueran los sobrevivientes de una escena confusa e inusitada, muy lejos de las historias graciosas y eternas de Cantinflas. Para ellos, y en especial para sus entrañables amigos, si Cantinflas siempre estaba urdiendo la última de sus travesuras, la de su muerte sólo era aceptable bajo el ilusorio epitafio que él siempre deseó para su tumba: "Parece que se fue, pero no es cierto".

Al parecer, Cantinflas no se equivocó. Finalmente con él "nunca existió la risa, sino solamente la carcajada", como alguna vez dijeron sus admiradores.

Una atmósfera de silencio cubrió el Panteón. La muerte había puesto punto final a la profunda chispa creativa de un hombre que había logrado conquistar el corazón del público internacional con los diálogos enmarañados y la invención sutil en las líneas de su rostro de las máscaras con las que expresó la ternura, el miedo, la sagacidad, la franqueza, la melancolía y la jocosidad de sus múltiples personajes.

Mario Moreno Ivanova avanzó solitario y aturdido hacia un carro negro parqueado con las puertas abiertas. A pocos pasos un grupo de personas lo siguió silencioso. Sentía borrascoso y oscuro el camino de asimilar la pérdida de su padre. Caminaba con pasos vacilantes envuelto en cientos de recuerdos que retornaban a su mente y que lo arrastraron hacia los intensos y alegres trechos de la infancia junto a sus padres.

Ingresó al auto sumergido en sus reminiscencias. Echó un vistazo rápido a través de la ventana sobre quienes lo habían seguido de modo sigiloso y alzó la mano en gesto de agradecimiento. Reclinó la cabeza hacia atrás vencido por el cansancio y recordó que antes de su muerte pudo pedirle perdón a Cantinflas por las travesuras que le causó en vida. "Papá", le dijo Mario Moreno Ivanova, "no había encontrado el momento para de verdad decirte cuánto te quiero". Le contestó: "Hijo, tampoco yo lo he encontrado porque toda la vida me la he pasado demostrándotelo".

De pequeño, Mario Moreno Ivanova vio en su casa la visita de personajes internacionales de la política y el espectácu-lo. Varios recuerdos de esa época llegaron a su memoria como ráfagas emotivas y perdurables de vida, que él conserva como joyas placenteras e impagables:

> Creo que lo más importante que aprendí de mi padre es a caminar siempre con la verdad, pues él fue un buen ser humano, padre, amigo, compañero. Mi niñez fue muy feliz, llena de humor y felicidad, aunque tuve a mi madre hasta los cinco años nada más. Incluso, mi padre me ayudaba cuando yo me trababa en mis tareas, pues yo era un chamaco muy travieso y me distraía fácil-mente. Nunca me sentí sólo, y mis amigos fueron desde los hijos de la cocinera y los peones del rancho, hasta los grandes funciona-rios, secretarios de Estado, y algunos presidentes.

La diferencia de edades entre él y su padre era de cincuen-ta años. Por ello expresó alguna vez que le hubiera encanta-do vivir las celebraciones ruidosas y afectivas con las que los amigos de Mario Moreno Reyes celebraban los cumpleaños de su abuela paterna. A la casa iban llegando lujosos y ati-borrados carros con instrumentos musicales, y de ellos des-cendían sonrientes y con trajes lustrosos Toña la Negra, Agustín Lara, Los Panchos, Javier Solís, Jorge Negrete y Pe-dro Vargas. Mario Moreno Ivanova también lo volvió a ver como un hombre con una sonrisa permanente en los labios, detrás de la cual protegía una timidez y una reserva profundas.

Él siempre estaba sonriendo, aun en los momentos más difíciles. Uno de los que más recuerdo es cuando trajo a mi madre, que había fallecido en los Estados Unidos. En el aeropuerto tuvo que lidiar con la gente que no respetaba su dolor y le pedía autógrafos. Mantuvo su figura a pesar de eso y le cumplió a su público, dando los autógrafos.

El vehículo avanzaba raudo sobre las extensas avenidas de Ciudad de México. Los frenazos y los arranques imprevistos no lo distraían del cúmulo de imágenes que evocaban la figura de su padre. Recordó la humildad y la sabiduría con las que enfrentó la fama. Siempre observó con sorpresa y admiración que la celebridad no lo hubiera despojado de sus raíces populares y sentimientos de altruismo hacia los necesitados.

Él tomó la fama con mucha cautela, no le gustaba hacer escándalos, ni alardes de ningún tipo, era muy humilde de corazón, muy sencillo. No le gustaba pedir favores, ni que le hicieran concesiones por ser Cantinflas. Siempre amó a su público y le dio un lugar muy especial. Nunca olvidó su origen humilde, por eso era tan grande de corazón.

Los días posteriores la prensa registró el duelo internacional de estadistas y artistas por la muerte del hombre que durante 64 años de vida artística ofreció alegría a miles de espectadores en las pantallas de cine. El presidente Carlos Salinas de Gortari dijo que Mario Moreno era "un admirable talento y una entrañable sensibilidad popular". Ese mismo día el presidente de Perú, Alberto Fujimori, expresó que el cómico mexicano "encarnaba como nadie los sueños y esperanzas del pueblo con una sonrisa en los labios. Su muerte enluta al pueblo que lo veía como un hombre que sabía criticar sin amargura y hacer humor sin acidez. Es una gran pérdida para América Latina".

Eulalio Ferrer, publicista español y amigo entrañable de Moreno Reyes, declaró que "la muerte de Cantinflas significa el fin de una escuela cómica y de todo el género de las carpas, que ya no existe". Ferrer puntualizó que el cómico sufría de una depresión, "no sólo por su enfermedad, sino por la soledad de los grandes artistas".

El ex presidente Miguel Alemán Velasco, con quien Cantinflas construyó una amistad duradera, sostuvo que

> tanto mi padre como yo, tuvimos el gusto y el honor de ser amigos de Mario, mi esposa trabajó con él en una de sus películas, *Abajo el telón*; tuvimos una amistad muy cercana. Fue un filósofo, porque eso de que hablaba sin decir nada es un decir. El que muere es el amigo Mario Moreno Reyes, porque Cantinflas va a vivir para siempre.

Las actrices con las que trabajó Mario Moreno también cultivaron hacia él una devoción especial. La mexicana María Teresa Rivas lo recordó como una persona gentil, amable y simpática:

> Cuando trabajé con él en *El analfabeto*, fue algo muy diverti-do, a duras penas podía uno estar indiferente y contener la risa. Lo bueno es que la parte más divertida de la película no me tocó, porque no hubiera podido contenerme. Nunca seguía el *script* al pie de la letra y era difícil estar serio en escena. Esas primeras películas eran increíbles y son un documento tan importante que no tienen edad.

La revista mexicana *Casos y Cosas, Cine y TV* tituló en una edición especial "Murió Mario Moreno, pero nació la leyenda de Cantinflas". La agencia Prensa Latina expidió un cable noticioso desde Cuba a sus abonados que decía: "Con la muerte de Cantinflas, el cine humorístico mexicano y de América Latina pierde la última raíz de tradición realmente popular". Desde el Caribe hasta la Patagonia las emisoras y los canales de televisión emitieron remembranzas filmográficas del cómico recordándolo como el "bufo de habla castellana más popular del mundo".

Entre las voces de admiración hacia Mario Moreno se sumó la del escritor y novelista Carlos Fuentes, quien consi-deró a Cantinflas como uno "de los creadores del discurso político mexicano y de sus más atinados críticos".

Con grandes titulares los periódicos y revistas del mundo entero publicaron en la avalancha de noticias sobre la muerte del comediante mexicano el último deseo de Mario Moreno

Reyes: "Espero que Dios me espere en el cielo con una sonrisa". En una ocasión un reportero le sugirió a Mario Moreno Reyes que definiera su vida en pocas palabras, y él respondió: "He sido muy afortunado".

¡NI MODO, CHATO, AHORA SON DE EU!

El sugestivo titular del periódico *La Reforma* de México ilustró de modo claro y contundente el resultado del proceso legal en que finalizó la dura batalla jurídica entre Mario Moreno Ivanova, hijo del actor, y la casa productora de cine Columbia Pictures.

La disputa legal, que duró nueve años después de la muerte de Mario Moreno en 1993, concluyó cuando un juez de la ciudad de Los Ángeles, California, reconoció que las 34 películas de Cantinflas eran propiedad de la productora norteamericana y no del hijo del comediante.

Con esa decisión polémica la empresa inició la recuperación de 4 millones 600 mil dólares en pago de derechos de autor que fueron congelados en una cuenta mientras el caso se encontraba en marcha.

El conflicto se inició en 1946, cuando Cantinflas acordó con la productora la distribución de las películas *El gendarme desconocido*, *El barrendero* y *El patrullero 777*.

Columbia Pictures invirtió cifras millonarias en el pleito con el interés de despejar las dudas sobre los derechos cinematográficos de la películas en litigio.

En México el caso se complicó a extremos, porque no estaba claro si la propiedad de los filmes era del hijo adoptivo de Mario Moreno o de su sobrino, Eduardo Moreno Laparade, quien sostuvo que firmó un acuerdo dos meses antes del fallecimiento del cómico.

Mario Moreno Ivanova declaró en 1993 para el diario *La Reforma* que los derechos contractuales que, según el fallo, pertenecían a la distribuidora Columbia, carecían de sustento en México, y anunció la distribución de las películas *El patrullero 777* y *El barrendero*. "Estoy en mi territorio, no le estoy robando los derechos a nadie porque son míos. Los tengo comprobados en el Instituto del Derecho de Autor, en RTC, que dan la clasificación a una película que sale a la venta y en el testamento de mi padre soy el heredero universal", puntualizó Ivanova.

Para Enrique Krauze, director del proyecto de la colección de DVD y videos de Mario Moreno Reyes con la empresa Clío de México, "es imposible concebir un México sin Cantinflas, ni Pedro Infante".

La venta de los derechos de exhibición de las películas de Cantinflas, hecha a Televisa por Moreno Ivanova, expuso al heredero a ir a la cárcel por violar el fallo del juez de la corte federal del Distrito de Los Ángeles, que le había otorgado a Columbia Pictures derechos exclusivos de exhibición de 34 películas de Mario Moreno Reyes.

La prensa mexicana dispuso una amplia cobertura para el caso legal e ironizó con encabezamientos provocadores la marcha del proceso. A diario los lectores mexicanos podían sorprenderse con titulares como "¡Qué detalle, Cantinflas es de una trasnacional!", "Por culpa de las disputas legales de sus familiares *La vida de Cantinflas*, congelada", "Ni modo, chato; ahora son de EU", o "Cantinflas, propiedad de Hollywood".

Moreno Ivanova se vio favorecido en México con un fallo del Circuito en Materia Civil de la Suprema Corte de Justicia de la Nación, que le otorgó los derechos de las 39 películas de su padre, calculados en 100 millones de dólares, y lo reconoció como heredero universal de la obra artística.

La suerte también le sonrió a Moreno Ivanova en Estados Unidos, donde ganó uno de los juicios que cursaron en su contra con respecto a la propiedad de los derechos de las películas.

Cantinflas participó en más de 50 filmes, pero sólo en 39 de ellos fue protagonista, debido a que en otras producciones fue contratado. Por su parte, Eduardo Moreno Laparade, sobrino de Mario Moreno Reyes, declaró a la prensa que Moreno Ivanova "está engañando a la gente".

Laparade firmó un contrato con Columbia y explicó esa decisión argumentando que "fue para terminar el litigio entre nosotros, pues yo no tengo que reclamarle nada a Columbia. Nunca llegaré a un acuerdo con Mario Arturo. Gano todo o pierdo todo. Me ha costado muchísimo dinero".

Eduardo Moreno, quien durante el proceso reconoció que no vivía de los filmes de Cantinflas, negó que su tío Mario Moreno hubiera cedido sus películas el 1 de enero de 1993. "Eso no es verdad, la cesión de los filmes me la hizo mi tío el 4 de marzo, firmada por la notaria Melvy A. Reina, quien reconoce su firma y sello", dijo.

Mario Moreno Reyes nunca imaginó que sus películas llegaran a convertirse en un agrio, extenuante y lamentable caso de disputa legal dentro de su clan familiar. Y mucho menos, que sus producciones fílmicas se hayan mencionado en los tribunales norteamericanos para determinar a quién, finalmente, le pertenece su extraordinario legado cinematográfico.

CRONOLOGÍA

1911: El 12 de agosto nace Mario Moreno Reyes.

1927: Huye de su casa y se incorpora como voluntario al ejército de su país.

1929: Inicia en Cuernavaca, Morelos, sus primeras presentaciones en los teatros ambulantes, conocidos popularmente como carpas.

1930: Obtiene un permiso familiar para laborar como cómico y debuta en la carpa Sotelo.

1934: Actúa con el cómico Estanislao Shilinsky en el Salón Rojo y el Mayab. Contrae matrimonio el 15 de diciembre con la bailarina rusa Valentina Ivanova. Realiza una gira por el norte de México y la península de Yucatán contratado por el Chino Herrera.

1935: Debuta en la carpa Ofelia y en el teatro Follies Bergére contratado por el empresario teatral José Furstenberg.

1936: Realiza la producción fílmica *No te engañes corazón* dirigida por Miguel Contreras.

1937: Actúa en Bellas Artes en el género de teatro de revista con la obra *Variedades con Cantinflas*. Es dirigido por Arcady Boytler en los filmes *Así es mi tierra* y *Águila o sol*.

1938: Alterna el cine con las producciones teatrales *El águila de Cantinflas* y *México a través de Cantinflas* en el teatro Follies Bergére.

1941: Funda su propia casa productora denominada Posa Films junto con Jacques Gelman y Santiago Reachi.

1953: El 30 de abril inaugura el teatro Insurgentes con la puesta en escena de la obra teatral *Yo Colón*. El pintor mexicano Diego Rivera lo pinta en uno de sus murales del teatro Insurgentes.

1955: Filma *El bolero de Raquel*, su primera película a color. Ese mismo año también realiza *La vuelta al mundo en 80 días*, su primera producción internacional bajo la dirección de Michael Anderson y la producción de Michael Todd.

1960: Junto a su esposa Valentina adoptan al niño Mario Arturo Moreno Ivanova, su primer y único hijo. Realiza en Hollywood el filme *Pepe*, acompañado por un elenco de estrellas internacionales y con la dirección y producción de George Sidney.

1963: Sus huellas son impresas en el paseo de la fama en el teatro chino de Hollywood.

1966: El 6 de enero de ese año fallece en Estados Unidos su esposa Valentina Ivanova.

1969: Debuta como comentarista de televisión en la transmisión del alunizaje del Apolo xi.

1972: Lanza en España los dibujos animados *Cantinflas show*, transmitidos por Televisa.

1982: El gobierno de México lo declara "Un símbolo de paz y alegría para las Américas".

1983: En Washington, la Organización de Estados Americanos, oea, lo declara "Un símbolo de paz y alegría para las Américas".

1984: Lanza el disco "Los niños del mundo" dentro de sus actividades de filantropía, orientadas a la ayuda de la población pobre de México y el mundo.

1986: La figura de Cantinflas es declarada mascota de la selección mexicana de fútbol para la celebración del Mundial México 86.

1987: Recibió el premio Ariel de Oro por su brillante aporte a la cinematografía nacional de México.

1989: Nace su primera nieta Valentina, hija de Mario Arturo Moreno Ivanova y Araceli Abril del Moral.

1992: Es recibido en la residencia oficial de Los Pinos por el presidente de México Carlos Salinas de Gortari, como un reconocimiento del gobierno mexicano a su vida.

1993: Durante el mes de febrero de ese año recibe en Houston, Texas, un homenaje de la Fundación Emily Cranz por su trayectoria artística. El 21 de febrero por el deterioro de su salud es trasladado por su familia al hospital Metodista de Houston, Texas. El 27 de marzo viaja de regreso a México y permanece bajo observación médica. Fallece en Ciudad de México el 20 de abril.

FILMOGRAFÍA

Cortometrajes
Siempre listo en las tinieblas, Fernando A. Rivero, 1939.
Cantinflas y su prima, Carlos Toussaint, 1940.

Largometrajes
No te engañes corazón, Miguel Contreras, 1936.
Águila o sol, Arcady Boytler, 1937.
El signo de la muerte, Cano Urueta, 1939.
Ahí está el detalle, Juan Bustillo Oro, 1940.
Ni sangre ni arena, Alejandro Galindo, 1941.
El gendarme desconocido, Miguel M. Delgado, 1941.
Los tres mosqueteros, Miguel M. Delgado, 1942.
El circo, Miguel M. Delgado, 1942.
Romeo y Julieta, Miguel M. Delgado, 1943.
Gran Hotel, Miguel M. Delgado, 1944.
El supersabio, Miguel M. Delgado, 1948.
El siete machos, Miguel M. Delgado, 1950.
El bombero atómico, Miguel M. Delgado, 1950.
Caballero a la medida, Miguel M. Delgado, 1953.
Abajo el telón, Miguel M. Delgado, 1954.
El bolero de Raquel, Miguel M. Delgado, 1956.
La vuelta al mundo en ochenta días, Michael Anderson, 1956.

El extra, Miguel M. Delgado, 1962.
El padrecito, Miguel M. Delgado, 1964.
Su excelencia, Miguel M. Delgado, 1966.
Un Quijote sin mancha, Miguel M. Delgado, 1969.
El profe, Miguel M. Delgado, 1970.
El ministro y yo, Miguel M. Delgado, 1975.
El patrullero 777, Miguel M. Delgado, 1977.
El barrendero, Miguel M. Delgado, 1981.

Bibliografía

Besurto Estrada, Guillermina, *Lo cómico en la comunicación cinematográfica: el caso de Cantinflas*, Ciudad de México, G. B. E., Unam, 1987, 297p.

Cantinflas, águila o sol, Ciudad de México, Consejo Nacional para la Cultura y las Artes, Unam, 1993.

De la Vega Alfaro, Eduardo, *Arcady Boytler (1893-1965)*, Guadalajara, Universidad de Guadalajara, 1990.

De los Reyes, Aurelio, *Medio siglo de cine mexicano (1896-1947)*, Ciudad de México, Editorial Trillas, 1988.

Elizalde, Guadalupe, *Mario Moreno y Cantinflas rompen el silencio*, Ciudad de México, Fundación Mario Moreno Reyes, 1994, 517 p.

García Riera, Emilio, *Historia documental del cine mexicano*, vols. I-IX, Ciudad de México, Editorial Era, 1969-1978.

Granados, Pedro, *Las carpas de México*, Ciudad de México, Ediciones Universo, 1984.

Ibarguengoitia, Jorge, *Autopsias rápidas*, Ciudad México, Editorial Vuelta, 1989.

Mario Moreno 'Cantinflas', Ciudad de México, Centro de Documentación e Investigación Cineteca Nacional, expediente 00010, *dossier* hemerográfico, 2003.

Miguel Delgado Pardavé, Director de Cantinflas, Ciudad de México, Centro de Documentación e Investigación

Cineteca Nacional, expediente 00036, *dossier* hemerográfico, 2003.

Monsiváis, Carlos, *Escenas de pudor y liviandad*, Ciudad de México, Editorial Grijalbo, 1988.

Morales, Miguel Ángel, *Cantinflas, el amo de las carpas*, Ciudad de México, Editorial Clío, 1996.

——, Morales, Miguel Ángel, *Cómicos de México*, Ciudad de México, Editorial Panorama, 1987.

Nomland, John, *Teatro mexicano contemporáneo (1900-1950)*, Ciudad de México, Ediciones de Bellas Artes, 1967.

Novo, Salvador, *Nueva grandeza mexicana* (pról. de Carlos Monsiváis), Ciudad de México, Consejo Nacional para la Cultura y las Artes, 1992, 109 p.

Ramos, Samuel, *El perfil del hombre y la cultura de México*, Ciudad de México, Espasa-Calpe Mexicana, 1976.

Villaurrutia, Xavier, "Arcady Boytler", en *Hoy*, Nº 32, Ciudad de México, 2 de octubre de 1937.

SUMARIO

9
Un "intruso" en la corte
de los payasos

21
Sketches para olvidar las tristezas

35
Vespertinas para soñar a Cantinflas

75
La risa o de lo "improbable
elevado a lo posible"

85
Cantinflas: un bufón en la
lengua de Cervantes

91
Noche de ronda

99
Abajo el telón

115
¡Ni modo, chato, ahora
son de EU!

119
Cronología

123
Filmografía

125
Bibliografía

Este libro se terminó de imprimir en el mes de abril
del año 2005 en los talleres bogotanos
de Panamericana Formas e Impresos S.A.
En su composición se utilizaron tipos
Sabon, Bodoni Poster y Akzidens Grotesk
de la casa Adobe.